国家示范性中职院校工学结合一体化课程改革教材

Qiche Jiance yu Weixiu Jishu
汽车检测与维修技术

（初级学习领域一）

广西交通技师学院　　组织编审
赵晚春　李爱萍　　主　　编
　　　　磨练夫　　副主编
　　　　韦　坚　　主　　审

人民交通出版社股份有限公司
China Communications Press Co.,Ltd.

内 容 提 要

本书是国家示范性中职院校工学结合一体化课程改革教材,是按照"以工作过程为导向、以项目建设为载体"的教学模式,由广西交通技师学院组织本院专业教师编写而成的重点建设专业课程教材。本书知识点清晰,内容编排新颖,图文并茂,直观性强,通俗易懂。

本书内容包括:维修前的准备工作、发动机总成吊装、发动机附件拆装及上部拆装、发动机中下部拆装及检查更换机油泵、检查或更换正时带、发动机节气门清洗、检查和更换保险杠、离合器检修、车轮制动器检修、检查和更换前后轮轴承、悬架下摆臂及其球头拆装、传动轴万向节的更换、等速万向节及橡胶护套拆装、灯具拆装与调整、更换制动灯开关,共计 15 个学习项目。

本书供中等职业院校汽车类专业师生教学使用,亦可供汽车维修行业相关技术人员学习参考。

图书在版编目(CIP)数据

汽车检测与维修技术:初级学习领域.1 / 赵晚春,李爱萍主编. —北京:人民交通出版社股份有限公司,2015.1

国家示范性中职院校工学结合一体化课程改革教材

ISBN 978-7-114-11757-2

Ⅰ.①汽… Ⅱ.①赵…②李… Ⅲ.①汽车—故障检测—中等专业学校—教材②汽车—车辆修理—中等专业学校—教材 Ⅳ.①U472

中国版本图书馆 CIP 数据核字(2014)第 230040 号

国家示范性中职院校工学结合一体化课程改革教材

书　　名:	汽车检测与维修技术(初级学习领域一)
著 作 者:	赵晚春　李爱萍
责任编辑:	闫东坡
出版发行:	人民交通出版社股份有限公司
地　　址:	(100011)北京市朝阳区安定门外外馆斜街 3 号
网　　址:	http://www.ccpress.com.cn
销售电话:	(010) 59757973
总 经 销:	人民交通出版社股份有限公司发行部
经　　销:	各地新华书店
印　　刷:	北京市密东印刷有限公司
开　　本:	787×1092　1/16
印　　张:	12.25
字　　数:	263 千
版　　次:	2015 年 1 月　第 1 版
印　　次:	2018 年 10 月　第 3 次印刷
书　　号:	ISBN 978-7-114-11757-2
定　　价:	28.00 元

(有印刷、装订质量问题的图书由本公司负责调换)

国家示范性中职院校工学结合一体化课程改革教材编审委员会

主 任 委 员：罗　华　钟修仁

副主任委员：陆天云　关菲明　张健生　蒋　斌　谭劲涛
　　　　　　郑超文　赖　强　张　兵

委　　　员：樊海林　封桂炎　吴　红　李　毅　廖雄辉
　　　　　　杨　波　刘江华　梁　源　陆　佳　赖昭民
　　　　　　黄世叶　潘敏春　黄良奔　梁振华　周茂杰
　　　　　　韦军新　陆向华　谢毅松

丛 书 主 编：樊海林

丛 书 主 审：周茂杰

本 书 主 编：赵晚春　李爱萍

本书副主编：磨练夫

本 书 主 审：韦　坚

前言

随着我国汽车产业的迅速发展,汽车保有量快速攀升,汽车后市场空前繁荣,汽车维修行业面临机遇和挑战。目前,汽车维修行业专业人才紧缺现象日益突出,从业人员文化水平、业务知识、操作技能、环保意识、道德素养等方面亟待提高,迫切需要加强学习能力培养和职业技能训练。为此,广西交通技师学院在国家级中等职业教育改革发展示范学校建设过程中,依托校企合作、工学结合,根据汽车检测与维修、汽车钣金技术、汽车营销、物流管理四个重点建设专业培养方案,组织编写了这套国家示范性中职院校工学结合一体化课程改革教材。

本套教材由广西交通技师学院组织,通过校企合作的形式编写,是学校与保时捷、丰田、大众、现代等汽车公司以及北京史宾尼斯机电设备有限公司、北京运华天地科技有限公司深度校企合作成果的展示。在教材编写过程中,充分调研市场,认真总结课程改革与专业教学经验,按照"工学结合四对接"(学习过程对接工作过程、专业课程对接工作任务、课程内容对接岗位标准、顶岗实习对接就业岗位)的人才培养机制,以及"产训结合,能力递进"的人才培养模式;基于学校专业人才培养方案、教学过程监控与考核评价体系,兼顾企业典型工作项目、技术培训内容,贯穿企业"7S"(整理、整顿、清扫、清洁、素养、安全和节约)管理模式;从汽车维修企业岗位需求出发,相应组织和调整教材内容,力争体现汽车专业新知识、新技术、新工艺及新方法,满足培养学生成为"与企业零接轨、能力持续发展的高技能人才"的教学需要。

本套教材是广西交通技师学院重点建设专业课程改革教材,共计4个子系列、13种教材,包含了汽车检测与维修专业7种教材:《汽车检测与维修技术(初级学习领域一)》、《汽车检测与维修技术(初级学习领域二)》、《汽车检测与维修技术(中级学习领域一)》、《汽车检测与维修技术(中级学习领域二)》、《汽车检测与维修技术(高级学习领域一)》、《汽车检测与维修技术(高级学习领域二)》、《汽车电学基础》,汽车钣金技术专业2种教材:《汽车车身修复基础》、《汽车车身修复技术》,汽车营销专业2种教材:《二手车销售实务》、《汽车商务口语》,物流管理专业2种教材:《仓储与配送》、《运输实务管理》。教材内容编排新颖,知识点清晰,图文并茂,直观性强,通俗易懂。这些教材分则独立成卷,合则融为整体,主要供中等职业院校汽车类专业教学使用,也可供汽车维修行业相关技术人员学习参考用。

　　本书是《汽车检测与维修技术(初级学习领域一)》，由广西交通技师学院汽车检测与维修专业教师编写，其中：黄月姿编写学习项目1，张亮前编写学习项目2、学习项目3，秦浠莲编写学习项目4，兰杨编写学习项目5，何文军编写学习项目6，黄月媚、赖玉洪编写学习项目7，罗万庆编写学习项目8，冯学银编写学习项目9，姜绍军编写学习项目10，郭美花编写学习项目11，赖玉洪编写学习项目12，罗万庆编写学习项目13，付国微编写学习项目14，李宏超编写学习项目15；全书由赵晚春、李爱萍担任主编，磨练夫担任副主编，韦坚担任主审。

　　本套教材编写还得到了中国汽车工程学会汽车运用与服务分会、南宁市汽车维修企业以及其他兄弟院校的支持与帮助，在此致以诚挚的谢意！由于时间仓促，加之我们的经验和学识方面的欠缺，书中难免存在着诸多不足之处，恳请从事职业教育理论研究和汽车相关专业教学的各位同仁不吝赐教、代为斧正，我们期待着你们对我们不懈追求的支持，也诚望大家批评和指正。

教材编审委员会
2014 年 9 月

目 录

学习项目1　维修前的准备工作 ⋯⋯⋯⋯⋯⋯⋯⋯⋯⋯⋯⋯⋯⋯⋯⋯⋯⋯⋯⋯ 1
　学习任务1　举升机使用方法 ⋯⋯⋯⋯⋯⋯⋯⋯⋯⋯⋯⋯⋯⋯⋯⋯⋯⋯⋯⋯ 2
　学习任务2　常用工具使用 ⋯⋯⋯⋯⋯⋯⋯⋯⋯⋯⋯⋯⋯⋯⋯⋯⋯⋯⋯⋯⋯ 8
　学习任务3　维修手册查阅 ⋯⋯⋯⋯⋯⋯⋯⋯⋯⋯⋯⋯⋯⋯⋯⋯⋯⋯⋯⋯⋯ 20
学习项目2　发动机总成吊装 ⋯⋯⋯⋯⋯⋯⋯⋯⋯⋯⋯⋯⋯⋯⋯⋯⋯⋯⋯⋯⋯ 25
　学习任务　发动机总成吊装 ⋯⋯⋯⋯⋯⋯⋯⋯⋯⋯⋯⋯⋯⋯⋯⋯⋯⋯⋯⋯⋯ 26
学习项目3　发动机附件拆装及上部拆装 ⋯⋯⋯⋯⋯⋯⋯⋯⋯⋯⋯⋯⋯⋯⋯⋯ 35
　学习任务1　发动机附件拆装 ⋯⋯⋯⋯⋯⋯⋯⋯⋯⋯⋯⋯⋯⋯⋯⋯⋯⋯⋯⋯ 36
　学习任务2　发动机上部拆装 ⋯⋯⋯⋯⋯⋯⋯⋯⋯⋯⋯⋯⋯⋯⋯⋯⋯⋯⋯⋯ 42
学习项目4　发动机中下部拆装及检查更换机油泵 ⋯⋯⋯⋯⋯⋯⋯⋯⋯⋯⋯⋯ 55
　学习任务　发动机中下部的检查及更换 ⋯⋯⋯⋯⋯⋯⋯⋯⋯⋯⋯⋯⋯⋯⋯⋯ 56
学习项目5　检查或更换正时带 ⋯⋯⋯⋯⋯⋯⋯⋯⋯⋯⋯⋯⋯⋯⋯⋯⋯⋯⋯⋯ 69
　学习任务　检查或更换正时带 ⋯⋯⋯⋯⋯⋯⋯⋯⋯⋯⋯⋯⋯⋯⋯⋯⋯⋯⋯⋯ 70
学习项目6　发动机节气门清洗 ⋯⋯⋯⋯⋯⋯⋯⋯⋯⋯⋯⋯⋯⋯⋯⋯⋯⋯⋯⋯ 78
　学习任务　发动机节气门清洗 ⋯⋯⋯⋯⋯⋯⋯⋯⋯⋯⋯⋯⋯⋯⋯⋯⋯⋯⋯⋯ 79
学习项目7　检查和更换保险杠 ⋯⋯⋯⋯⋯⋯⋯⋯⋯⋯⋯⋯⋯⋯⋯⋯⋯⋯⋯⋯ 86
　学习任务　检查和更换保险杠 ⋯⋯⋯⋯⋯⋯⋯⋯⋯⋯⋯⋯⋯⋯⋯⋯⋯⋯⋯⋯ 87
学习项目8　离合器检修 ⋯⋯⋯⋯⋯⋯⋯⋯⋯⋯⋯⋯⋯⋯⋯⋯⋯⋯⋯⋯⋯⋯⋯ 92
　学习任务　离合器检修 ⋯⋯⋯⋯⋯⋯⋯⋯⋯⋯⋯⋯⋯⋯⋯⋯⋯⋯⋯⋯⋯⋯⋯ 93
学习项目9　车轮制动器检修 ⋯⋯⋯⋯⋯⋯⋯⋯⋯⋯⋯⋯⋯⋯⋯⋯⋯⋯⋯⋯⋯ 116
　学习任务　车轮制动器检修 ⋯⋯⋯⋯⋯⋯⋯⋯⋯⋯⋯⋯⋯⋯⋯⋯⋯⋯⋯⋯⋯ 117
学习项目10　检查和更换前后轮轴承 ⋯⋯⋯⋯⋯⋯⋯⋯⋯⋯⋯⋯⋯⋯⋯⋯⋯ 123
　学习任务　检查和更换前后轮轴承 ⋯⋯⋯⋯⋯⋯⋯⋯⋯⋯⋯⋯⋯⋯⋯⋯⋯⋯ 124
学习项目11　悬架下摆臂及其球头拆装 ⋯⋯⋯⋯⋯⋯⋯⋯⋯⋯⋯⋯⋯⋯⋯⋯ 141
　学习任务　悬架下摆臂及其球头拆装 ⋯⋯⋯⋯⋯⋯⋯⋯⋯⋯⋯⋯⋯⋯⋯⋯⋯ 142
学习项目12　传动轴万向节的更换 ⋯⋯⋯⋯⋯⋯⋯⋯⋯⋯⋯⋯⋯⋯⋯⋯⋯⋯ 146
　学习任务　传动轴万向节的更换 ⋯⋯⋯⋯⋯⋯⋯⋯⋯⋯⋯⋯⋯⋯⋯⋯⋯⋯⋯ 147

学习项目 13	等速万向节及橡胶护套拆装	155
学习任务	等速万向节及橡胶护套拆装	156
学习项目 14	灯具拆装与调整	171
学习任务	灯具拆装与调整	172
学习项目 15	更换制动灯开关	181
学习任务	更换制动灯开关	182
参考文献		188

学习项目1 维修前的准备工作

情景描述

一辆上汽通用五菱轻型载货汽车送进修理厂,车主反映该车在行车过程中存在冒黑烟、加速无力、怠速不稳和油耗增加等问题,经检测后确定需要进行大修。首要工作是先对发动机总成进行吊卸,并对其进行解体。

学习目标

⭐ **知识目标**

1. 知道举升器的使用与日常维护、举升器的规范操作要领;
2. 知道各种常用维修工具(手动、风动)的选择与正确使用;
3. 知道查阅汽车维修手册。

⭐ **技能目标**

1. 能够规范操作举升机;
2. 能熟练使用各类常用维修工具;
3. 能正确选用和使用各类常用工具;
4. 能够正确、快速查阅汽车维修手册。

学习内容

1. 举升机的结构、工作原理和技术指标;
2. 常用维修工具(手动、风动)操作技术要求、步骤、注意事项;
3. 查阅汽车维修手册。

建议课时

12课时

学习任务1 举升机使用方法

学习目标

1. 懂得举升机的结构、工作原理和技术指标；
2. 懂得举升机的规范操作要领与日常维护。

建议课时：4 课时

学习过程

一、任务要求

一辆上汽通用五菱轻型载货汽车有机油泄漏现象，需要使用举升机举升车辆检查漏油部位，学习举升机的使用。

二、资料收集

1. 举升机在车辆维修中的重要性

举升机是一种实用性较强的汽修设备，在汽车的维护和修理过程中经常使用，给维修工作带来了便利，在一定程度上提高了工作效率。为了避免使用中发生意外情况，应重视举升机的规范操作培训。

2. 举升机的种类

举升机的种类很多，常见的有四柱式举升机、双柱式举升机、地沟式举升机、伸缩式举升机、龙门式举升机、子母式举升机等。

举例说明 WNL3500 型双柱举升机的结构。

WNL3500 型双柱举升机主要由立柱（包括横梁）、举升机、液压源三大部分组成，其技术标准见表 1-1。

表 1-1 WNL3500 型双柱举升机的技术标准与要求

举升质量	举升高度	举升时间	电动机功率	电源	两柱间宽度	整机质量
3500kg	1800mm	约50s	2.2kW	380V/三相 220V/单相 50Hz	2800mm	约680kg

（1）立柱。

立柱是整个机器的主要承重部件，它不仅要承受两柱间举升重力，还要承受前后侧向重力，同时它也作为举升机的升降跑道及举升油缸的固定架，如图 1-1 所示。因此，它不仅要求有足够的强度，还必须有良好的刚性。立柱采用合金材料制作，具有强度大、刚性强的特点。

（2）举升架。

举升架不仅要承受很大的重力,还要在升降轨道内随着油缸的动作而升降。在其内腔设有保险机构。本机的保险为自动复位式保险机构。如图1-2所示。

(3)液压源。

液压源由动力单元、高压橡胶油管、举升油缸组成,如图1-3所示。动力单元由油箱、电动机、油泵、控制系统、回油阀等组成。工作时,由油泵产生高压油,通过高压油管向举升油缸供油,使油缸内活塞向上运动带动举升架上升。下降时,拉开保险,打开回油阀,利用举升架的自重力,使油缸内活塞向下运动,把油压回油箱,从而完成下降过程。

图1-1 立柱

图1-2 举升架

图1-3 液压源

3. 使用WNL3500型双柱举升机的注意事项

(1)检查各安装部位是否符合要求。

(2)油箱内加入10L,46号液压油(冬季10号)。

(3)接通电源。

(4)按动上升开关,电动机通电,活动架应上升,如活动架不上升,则可能是电动机反转,应调整相序。

(5)举升架上升时检查电动机、油泵有无异常声响,立柱、举升架有无卡滞、异常摩擦等现象。如有异常,应立即停车检查。

(6)下降。拉动保险拉绳,使保险棘爪脱开,按动回油阀手柄,举升架下降。

(7)空载试车一切正常后,方可进行重载试车。

(8)每次使用前应检查保险机构、起重臂、各传动部位是否正常、完好。使用后应清除油污等,擦拭机器。

(9)使用一段时间后,应重新调整钢丝绳,以保证两端举升架升降一致。

(10)不定期对各摩擦部位加注润滑油或润滑脂。

(11)每使用约一个月左右,应对地脚螺栓进行重新紧固,平时也应经常检查螺栓,防止松动。

(12)本机使用时最高提升高度严禁超过1800mm。

(13)本机最大举升质量为3.5t,严禁超载运作。

(14)严禁在被举升的车辆上坐人或载物。

(15)被举升的车辆较长时间不作业时,应将被举升的车辆降至地面,以确保安全。

4. 常见故障及排除方法

举升机常见的故障及排除方法见表1-2。

举升机常见故障及排除 表1-2

故障现象	原　　因	排除方法
不能举升	(1)电源故障； (2)开关损坏； (3)相序改变,电动机反转	(1)检查排除； (2)更换； (3)调整相序
举升无力	(1)油缸严重漏油； (2)回油阀漏油； (3)油箱油位太低	(1)更换密封件； (2)修理回油阀； (3)加注液压油
不能下降	(1)保险没有打开； (2)油路阻塞； (3)回油阀不能打开	(1)打开保险； (2)清洗油路； (3)修理回油阀
举升时有爬行现象	(1)缸内有空气； (2)润滑不良	(1)排出空气、油箱内加足液压油； (2)润滑各摩擦部位
上升后缓慢自动下降	(1)管路或油缸接头等部位漏油； (2)回油阀漏油	(1)检查、更换或重新密封； (2)修理或更换

5. 千斤顶的使用方法与注意事项

(1)结构与功用。

汽车上常用的千斤顶有液压式、气压式和机械式三种,有立式千斤顶和卧式千斤顶,分别如图1-4和图1-5所示。液压式千斤顶有3t、5t、10t等多种。千斤顶一般用于举升汽车。

图1-4 立式千斤顶

图1-5 卧式千斤顶

（2）液压千斤顶的使用方法。
①拧紧千斤顶油压开关。
②将千斤顶垂直置于车底合适的支车部位。
③转动调节千斤顶螺杆，使顶面接近支车部位。
④缓慢压动手柄，逐渐支起车辆。
⑤放下车辆时应缓缓松开油压开关，使车辆缓缓落下。
（3）使用注意事项。
①支车前，应用三角木将车轮塞好，以防汽车滑溜发生危险。
②支车时，地面要硬实可靠。在松软的地面上支车，千斤顶底座下应垫厚木板，不可垫石块或水泥板。
③支车时，千斤顶的顶柱与被支顶的端面应保持垂直，以防滑脱发生危险。
④千斤顶举升后应将车辆架好，使支顶卸荷（可暂不撤去），才可进行车下作业。
⑤千斤顶举起的工件未架好前不许用锤子击打，以免损坏千斤顶。
⑥千斤顶液压油不可用制动液或其他油液代替。
⑦卧式液压千斤顶手柄顺时针拧紧后方可顶车，放下车辆时应缓缓拧松（反时针旋转）手柄，使车辆缓缓落下。

三、任务准备

1. 所需的工量具及材料
设备：双柱举升机、五菱轻型载货汽车；
材料：抹布、工作灯。
2. 流程分析
（1）升车顺序。
实训车停在两立柱中间→找好顶起位置点→举升车辆→检查车辆是否平稳→升到目标高度→按手动卸荷阀，使车辆可靠停稳→检查漏机油位置。
（2）降车顺序。
按压电动机开关，将车辆上升少许，解除保险→按压手动卸荷阀，车辆平稳降至地面→整理工位。

四、任务实施

在操作举升机之前，应首先在车辆维修手册上找到有关发动机总成吊装这一章节，根据维修手册的提示和说明并结合实车制订正确合理的操作方案。在举升机升降过程中，严格按照维修手册的规范和要求进行操作，并在维修过程中遵守7S原则。

1. 升车顺序
升车顺序见表1-3。

升车操作步骤与操作内容　　表 1-3

(1)将实训车开到举升机两立柱中间,车辆挂空挡,拉紧驻车制动器,放置车胎三角挡块 	(2)分别找好车辆四个顶起位置点 
(3)按压电动机开关,将车辆举升 	(4)将车辆上升车轮离地 10~20cm 时,检查车辆是否平稳安全 
(5)将车辆举升到目标高度 	(6)按压下手动卸荷阀,使车辆下降少许并停稳。此时,滑车内的机构保险键已进入保险点,即可靠落座 
(7)找到漏油位置 	

2. 降车顺序

降车顺序见表1-4。

降车操作步骤与操作内容　　　　　　　　表1-4

(1) 车辆下降时，按压电动机开关，先将车辆上升10mm，然后用力拉机构保险的拉线，解除保险 	(2) 按压下手动卸荷阀，使车辆平稳降至地面 
(3) 整理工位 	

3. 任务检验

检查是否能正确、安全操作举升机并找到五菱轻型载货汽车的漏油部位。

五、任务评价

对本学习任务进行评价，学生技能考核表见表1-5。

技能考核评价表　　　　　　　　表1-5

班级：　　　　　　组别：　　　　　　姓名：

序号	考核内容	配分	评分标准	考核记录	扣分	得分
1	检查工具设备	5	每漏1项扣2分，扣完为止			
2	检查举升机工作情况	20	酌情评分			
3	举升车辆方案的制订是否正确	20	每处错误扣4分			
4	根据举升机使用熟练程度酌情评分	25	酌情评分			
5	遵守安全规程，正确使用设备，操作现场整洁	20	每项扣2分，扣完为止			
	安全用电，防火，无人身设备事故	10	因操作不当发生重大事故，此项按0分计			
	分数总计	100				

六、学习拓展

一辆比亚迪 F3 轿车底盘有滴油现象,请升车检查漏油位置以便维修。

学习任务2　常用工具使用

学习目标

1. 知道常用维修工具的使用和注意事项;
2. 正确掌握选用及使用各类常用维修工具的方法。

建议学时:4 课时

学习过程

一、任务要求

发动机附件需要进行总成解体,请正确使用维修工具进行分解。

二、资料收集

准备及选择好常用维修工具(手动、风动)。

(1)开口扳手,如图 1-6 所示。

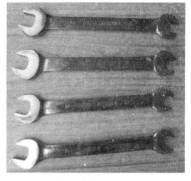

图 1-6　开口扳手

①结构与功用。

开口扳手是汽车拆装中最常见的工具之一。开口扳手的特点是使用方便,对于标准规格螺栓螺母均可使用。常用的开口扳手有:5 号～7 号、8 号～10 号、9 号～11 号、12 号～14 号、13 号～15 号、14 号～17 号、17 号～19 号、21 号～23 号、22 号～24 号等规格型号。

②使用方法。

a. 根据螺栓、螺母的尺寸,选用合适规格的开口扳手;

b. 将扳手的开口垂直或水平插入螺栓头部;

c. 将扳手较厚的一边置于受力大的一侧,扳动扳手。

③使用注意事项。

a. 不能用于拧紧力矩较大的螺栓和螺母;

b. 使用时,应将扳手手柄往身边拉,切不可向外推,以免将手碰伤;

c. 扳转时,不能在开口扳手上任意加套管、锤击,以免损坏扳手或损伤螺栓、螺母的棱角;

d. 禁止使用开口处磨损过大的开口扳手,以免损坏螺栓螺母的棱角;

e. 不能将开口扳手当撬棒使用;

f. 禁止用水或酸、碱液清洗扳手,应先用煤油或柴油清洗后再涂上一层薄润滑油,然后妥善保管。

(2)梅花扳手,如图1-7所示。

①结构与功用。

梅花扳手也是拆装中最常用的工具之一。梅花扳手的工作部分呈封闭的12角梅花环状,套住螺母扳转时六角受力均匀,因此,拆装时能承受较大的扳转力矩,且对螺栓或螺母的棱角损害小,使用比较安全,适用于拆装所处空间狭小的标准规格的螺栓、螺母。特别是螺栓、螺母需用较大力矩拆装时,应尽量使用梅花扳手。常用的梅花扳手尺寸型号有:5号~7号、8号~10号、9号~11号、12号~14号、13号~15号、14号~17号、17号~19号、21号~23号、22号~24号等规格型号。

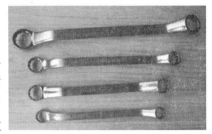

图1-7 梅花扳手

②使用方法。

a. 根据螺栓、螺母的尺寸,选用合适的梅花扳手;

b. 将扳手垂直套入螺栓头部;

c. 轻扳转时,手势与开口扳手相同;用力扳转时,四指与拇指应上下握紧扳手手柄,往身边扳转。

③使用注意事项。

a. 扳转时,不准在梅花扳手上任意套加力套管或锤击;

b. 禁止使用内孔磨损过大的梅花扳手;

c. 不能将梅花扳手当撬棒使用。

(3)套筒扳手,如图1-8至图1-17所示。

图1-8 T字杆

图1-9 内六角扳手

图1-10 棘轮扳手

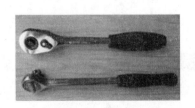

图1-11 L形接杆

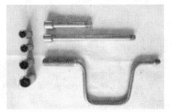

图1-12 快速摇把、长接杆、短接杆、套筒

图1-13 滑头手柄

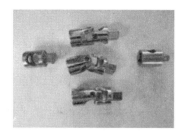

图 1-14　万向接头

图 1-15　套筒

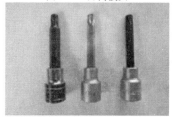

图 1-16　内六花旋具套筒

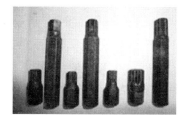

图 1-17　内六花、内十二花扳手

①结构与功用。

套筒扳手由一套不同规格的套筒和接杆、棘轮手柄、弓形快速摇柄等附件组成,对标准规格的螺栓、螺母均可使用。套筒扳手可以根据需要任意组合使用,既适合一般部位螺栓螺母的拆装,也适合处于深凹部位和隐蔽狭小部位的螺栓、螺母的拆装,并有拆装速度快的特点,是使用最方便的工具之一。套筒扳手使用灵活而且安全,使用时螺母的棱角也不易被损坏。常用的套筒扳手有 24 件套和 32 件套等几种,套筒规格有 6 号～24 号和 6 号～32 号两种。

②使用方法。

a. 使用时根据螺栓、螺母的尺寸选好套筒;

b. 将套筒套在快速摇柄的方形端头上(视需要可与长接杆或短接杆等配合使用);

c. 再将套筒套住螺栓或螺母上,转动快速摇柄进行拆装。

③使用注意事项。

a. 不准拆装过紧螺栓、螺母;

b. 用快速摇柄拆装时,握摇柄的手切勿摇晃,以免套筒滑出或损坏螺栓、螺母的六角;

c. 禁止用锤子将套筒击入变形的螺栓、螺母的六角进行拆装,以免损坏套筒;

d. 禁止使用内孔磨损过大的套筒;

e. 工具用毕,应清洗油污,妥善放置。

(4)扭力扳手,如图 1-18 和图 1-19 所示。

图 1-18　指针式扭力扳手

图 1-19　预调式扭力扳手

①结构与功用。

常用的扭力扳手有指针式和预调式两种形式。一般用于有规定拧紧力矩的螺栓、螺母的拧紧,如汽缸盖、曲轴主轴承盖、连杆等部位的螺栓、螺母等。扭力扳手通常不用于拆卸,否则,可能会损坏扭力扳手。

②使用方法。

a. 将套筒插入扭力扳手的方芯上;

b. 拧紧螺栓、螺母时,用左手把住套筒,右手握紧扭力扳手手柄往身边扳转;

c. 使用预调式扭力扳手前,应先将力矩调校至规定值。

③使用注意事项。

a. 禁止往外推扭力扳手手柄,以免滑脱而损伤身体;

b. 对要求拧紧力矩较大、工件较大、螺栓数较多的螺栓、螺母时,应分次按一定顺序拧紧;

c. 拧紧螺栓、螺母时,不能用力过猛,以免损坏螺纹;

d. 禁止使用无刻度或刻度线不清的扭力扳手;

e. 拆装时,禁止在扭力扳手的手柄上再加套管或用锤子锤击;

f. 扭力扳手使用后应擦净油污,妥善放置;

g. 预调式扭力扳手用后应将预紧力矩调到零位。

(5)活动扳手,如图1-20所示。

①结构与功用。

活动扳手由固定和可调两部分组成,扳手的开度在一定范围内任意可调。一般用于不同尺寸的非标准螺栓螺母的拆装。通常情况,尽量使用梅花扳手或开口扳手,不得已使用活动扳手时,一定要调整好开口的尺寸,使其与螺栓棱角很好的配合,并小心使用,以防损坏螺栓棱角。

图1-20 活动扳手

常用的尺寸型号有:200mm×24mm、300mm×36mm等多种规格。

②使用方法。

a. 根据螺栓、螺母的尺寸先调好活动扳手的开口大小,使之与螺栓、螺母的大小一致(不松旷);

b. 将扳手固定部分置于受力大的一侧,垂直或水平插入螺栓头部。

③使用注意事项。

a. 使用时,应使固定部分朝向承受拉力的方向,以免损坏螺栓的棱角和活动扳手;

b. 使用时,不准在活动扳手的手柄上随意加套管或锤击,以免损坏扳手或螺栓;

c. 禁止将活动扳手当锤子使用。

(6)螺钉旋具,如图1-21和图1-22所示。

①结构与功用。

螺钉旋具俗称起子或螺丝刀,如图1-21和图1-22所示,常用的有一字形、十字形和梅花头三种。其中前两种比较常见，后一种在进口汽车上使用得较多。常用螺钉旋具有木柄和塑料柄之分，木柄螺钉旋具又分为普通式和穿心式两种，穿心式螺钉旋具可在尾部作适当的敲击。塑料柄螺钉旋具具有良好的绝缘性能，较适用于电工使用。螺钉旋具根据其长度的不同有多种不同的规格。

图1-21　螺钉旋具（一字形）

图1-22　螺钉旋具（十字形）

②使用方法。

a. 应根据螺钉形状、大小选用合适的螺钉旋具；

b. 使用时手心应顶住柄端，并用手指旋转旋具手柄。如使用较长的螺钉旋具，左手应把住旋具的前端。

③使用注意事项。

a. 使用时螺钉旋具不可偏斜，扭转的同时施加一定压力，以免旋具滑脱；

b. 螺钉旋具或工件上有油污时应擦净；

c. 禁止将螺钉旋具当撬棒或錾子使用。

图1-23　钳子（卡簧钳、尖嘴钳、鲤鱼钳）

（7）钳子，如图1-23所示。

①结构与功用。

汽车拆装中常用的钳子是鲤鱼钳、尖嘴钳和卡簧钳，一般用于切断金属丝、夹持或弯曲小零件、拆装卡簧。

②使用方法。

a. 根据需要选用尖嘴钳、鲤鱼钳或卡簧钳，擦净油污；

b. 用手握住钳柄后端，使钳口闭合夹紧工件。

③使用注意事项。

a. 禁止将钳子当扳手、撬棒或锤子使用；

b. 不准用锤子击打钳子；

c. 禁止用钳子夹持高温机件。

（8）锤子，如图1-24和图1-25所示。

①结构与功用。

按锤头形状分有圆头、扁头及尖头三种。按锤子材料分为铁锤、木锤和橡胶锤等。锤子主要用来敲击物件，铁锤用于粗重物体和需要重击的地方，木锤和橡胶锤则用于表面要求较高和容易损坏的零件，二者的使用应视情况而定。

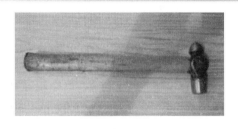 

图 1-24　铁锤　　　　　　　图 1-25　橡胶锤

②使用方法。

a.使用时,右手握紧柄端 10cm 处,眼睛注视工件;

b.击锤方法有:腕挥、肘挥和臂挥三种,根据用力程度选择。

③使用注意事项。

a.手柄应安装牢固,防止锤头飞出伤人;

b.锤子落在工件上时,不得歪斜,以防损坏工件;

c.禁止用锤子直接锤击重要表面和易损部位,以防损坏工件表面。

(9)铜棒。

①结构与功用。

铜棒用较软的金属铜制成,其功用是避免锤子与机件直接接触,以保护机件在拆装中不受损伤。

②使用方法。

一般和锤子配合使用,左手握住铜棒使其一端置于工件表面,右手用锤子锤击铜棒另一端。

③使用注意事项:

a.不准将铜棒当撬棒使用,以免弯曲;

b.不准将铜棒当锤子使用。

(10)拉拔器,如图 1-26 至图 1-29 所示。

图 1-26　三爪拉马　　图 1-27　横拉杆球头拉拔器　　图 1-28　轴承拔卸器　　图 1-29　球头拉拔器

①结构与功用。

拉拔器由拉爪、座架、丝杆、手柄等组成。顶拔器一般用于拆卸配合较紧的轴承、齿轮等机件,又称为顶拔器或拔卸器,种类较多,使用方法大同小异。

②使用方法。

根据轴端与被拉工件的距离转动拉拔器的丝杆,至丝杆顶端顶住轴端,拉爪钩住工件(轴承或齿轮)的边缘,然后慢慢转动丝杆将工件拉出。

③使用注意事项。

a.拉工件时,不能在手柄上随意加装套管,更不能用锤子敲击手柄,以免损坏顶拔器;

b.拉拔器工作时,其中心线应与被拉件轴线保持同轴,以免损坏拉拔器。如被拉件过紧,可边转动丝杆,边用木锤轴向轻轻敲击丝杆尾端,将其拉出。

(11)气动冲击扳手,如图1-30所示。

图1-30 气动冲击扳手

①结构与功用。

汽车维修拆装中常用的气动冲击扳手由一套组件构成,包括各种尺寸规格的风动长套筒、短套筒,风动套筒接杆,风动套筒万向接杆头,气动冲击扳手等,它可用于快速拆装螺栓、螺母,提高工作效率。

②使用方法。

a.检查确认压缩空气管路开关已打开,并有一定压力的压缩空气,把气管接头接至气动冲击扳手进气口处;

b.根据需要可调节气动冲击扳手的转向和转速,压下调整开关则风炮反转用于拆卸,拉出调整开关则风炮正转用于拧紧;旋转转速调整开关可改变风炮转速,通常5挡扭力最大;

c.选择适当的套筒及附件安装在风炮的转头上;

d.操作时压下开关则风炮转头可快速旋转,用于快速拆装。

③使用注意事项。

a.控制好风炮速度,不能将手等身体部位或其他物品靠近旋转的风炮转头,不要使用非风动套筒,防止套筒飞出,注意安全;

b.对于有扭力要求的螺栓螺母应用扭力扳手校紧,对于风炮拆不动的螺栓、螺母,应先用其他工具将其松动后再用风炮拆卸;

c.不使用风炮时,应将风炮上的气管接头取下,风动套筒等收好。

三、任务准备

1.所需的工量具及材料

设备:LJ465Q发动机翻转台架(已经拆除线束)、零件车;

工量具:数字式扭力扳手、10号、13号、18号套筒、短接杆、快速扳手、8号和10号T字杆、止动器、鲤鱼钳、小平铲、13号开口扳手;

材料:抹布。

2.拆装流程分析

(1)拆卸顺序:拆卸水泵皮带轮和多楔皮带→拆卸发电机支架→拆卸发电机→拆卸水泵→拆卸进气歧管总成→拆卸气门室罩盖→拆卸点火线圈和高压线→拆卸隔热罩→

拆卸排气管歧管总成→拆卸曲轴皮带轮→拆卸油底壳→拆卸发动机前盖。

（2）安装顺序：安装发动机前罩→安装油底壳→安装曲轴皮带轮→安装气门室罩盖→安装排气歧管总成→安装隔热罩→安装点火线圈和高压线→安装进气歧管总成→安装水泵→安装发电机→安装发电机支架→安装水泵皮带轮和多楔皮带。

四、任务实施

以拆装发动机附件和下部零件为例，在进行拆装作业时，应根据维修手册的提示和说明，制定正确合理的维修方案。在拆装过程中，严格按照维修手册的规范和要求进行操作，并在维修过程中遵守7S原则。

1. 拆卸步骤

拆卸步骤见表1-6。

拆卸步骤与操作内容　　　　　　　　　　表1-6

(1)松开发电机传动带调整螺栓	(2)拆卸水泵皮带轮和多楔皮带

(3)拆卸发电机支架	(4)拆卸发电机

(5)拆卸水泵	(6)松开进气真空软管，拆卸进气歧管总成

续上表

(7)拆卸气门室罩盖 	(8)拆卸点火线圈和高压线 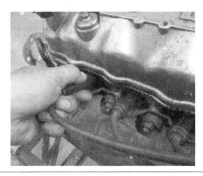
(9)拆卸隔热罩 	(10)拆卸排气歧管总成 
(11)拆卸曲轴皮带轮 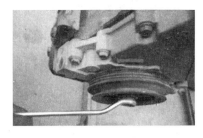	(12)拆卸油底壳 
(13)拆卸发动机前罩 	

2.零件清洁

零件清洁见表1-7。

学习项目1 维修前的准备工作

零 件 清 洁　　　　　　　　　　　　　　　表1-7

操作要求：
(1)用铲刀清除粘在进气歧管与缸盖接合面的残留物质,并清洗干净;   (2)用抹布对拆散的零部件进行清洁或用压缩空气吹干净。   注意事项:橡胶类零件,如密封胶垫、垫片等,应用酒精或制动液清洗,不能用煤油、汽油或碱溶液清洗,以防发胀变质
清 洁 示 例
用压缩空气吹干净。  注意:不要直接地吹向地面和对着人吹

3. 安装步骤

安装步骤见表1-8。

安装步骤与操作内容　　　　　　　　　　　表1-8

(1)调整机油泵的扁位与曲轴的扁位所在方位使其对齐 	(2)安装发动机前罩 
(3)安装油底壳,注意安装顺序 | 13 | 9 | 5 | 1 | 4 | 8 | 12 | | 17 | | | | | | 16 | | 18 | | | | | | 15 | | 14 | 10 | 6 | 2 | 3 | 7 | 11 |	(4)用飞轮止动器固定飞轮,安装曲轴皮带轮 

— 17 —

续上表

(5) 安装气门室罩盖	(6) 安装排气歧管总成，注意安装顺序
	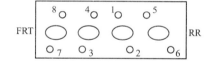
(7) 安装隔热罩	(8) 安装点火线圈和高压线

(9) 安装进气歧管总成 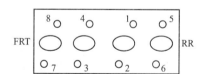	(10) 安装水泵 
(11) 安装发电机 注意：暂时不紧固发电机固定螺钉，待皮带调整好张紧度后才拧紧 	(12) 安装发电机支架 

续上表

(13)安装水泵皮带轮和多楔皮带 ①水泵皮带轮和多楔皮带; ②调整皮带张紧度,注意:拇指用大约98N的力压下皮带,下压变形量6~10mm为正常张力; ③将发电机三颗螺钉拧紧	

4. 任务检验

检查解体和安装发动机零件过程中使用工具是否规范、正确;零件、工具是否摆放整齐、零件安装是否齐全。

五、任务评价

对本学习任务进行评价,学生技能考核表见表1-9。

技能考核评价表　　　　　　　　　　表1-9

班级:　　　　　　组别:　　　　　　姓名:

序号	考核内容	配分	评分标准	考核记录	扣分	得分
1	检查工具设备	10	每漏准备1项工具扣2分,扣完为止			
2	拆卸	30	拆卸方法不正确每次扣5分,工具使用不当每次扣2分,扣完为止			
		5	摆放不整齐扣5分			
3	清洁	10	每漏清洁1处扣2分,扣完为止			
4	安装	30	安装方法不正确每次扣5分,工具使用不当每次扣2分,扣完为止			
5	安全操作,现场整洁	10	跌落零件每次扣2分,扣完为止,不整洁扣4分			
6	安全用电,防火,无人身设备事故	5	因操作不当发生重大事故,此项按0分计			
	分数总计	100				

六、学习拓展

自己准备工具,完成丰田5A发动机附件的拆卸和安装工作。

— 19 —

学习任务3 维修手册查阅

学习目标

知道通过查阅汽车维修手册来指导维修工作。
建议学时:4课时

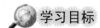
学习过程

一、任务要求

请通过查阅维修手册掌握如何拆、装正时链条和正时齿轮,并检查、调整气门间隙。

二、资料收集

维修手册的内容涵盖了车辆的各种技术标准、拆装步骤、注意事项等。维修手册一般会根据维修项目分为若干本,常见的有发动机、底盘与汽车电器等各部分的维修手册,但是不论查找的是什么内容,其查阅方法都是一样的。

具体在操作时应按下列顺序进行:
(1)按所要查询的项目选择合适的手册;
(2)按查询内容检阅总目录,选择相应的章节;
(3)查询相应章节的子目录;
(4)按编号找到相关页数;
(5)查阅具体内容。

三、任务准备

1.所需的工量具及材料

设备:465Q发动机翻转台架(已经拆除线束、发电机、进排气歧管、油底壳等相关附件)、零件车、维修手册;

工量具:数字式扭力扳手、10号和14号套筒、短接杆、快速扳手、一字螺钉旋具、12号梅花扳手、塞尺;

材料:抹布。

2.拆装流程分析

(1)拆卸顺序:拆卸曲轴皮带轮→拆卸发动机前罩→拆卸链条张紧器→拆卸链条导板→拆卸凸轮轴链轮和正时链条。

(2)安装顺序及检查:检查正时→安装凸轮轴链轮和正时链条→安装链条导板→安装链条张紧器→安装发动机前罩→安装曲轴皮带轮→检查、调整气门间隙。

四、任务实施

以检查、安装正时链和正时链导板,气门间隙的检查和调整为例,训练如何运用发动机维修手册,在此以《上汽通用五菱发动机维修手册》指导该工作正确进行。

1. 操作步骤

操作步骤见表1-10。

操作步骤与操作内容　　　　　表1-10

(1)查询维修手册总目录,查找"正时链、正时链导轮、正时张紧器的更换"项目所在页码	(2)用飞轮止动器固定飞轮
6.1A.4 维修指南……22 6.1A.4.1 进气歧管及密封垫的更换……23 6.1A.4.2 排气歧管、排气歧管隔热罩的更换……26 6.1A.4.3 皮带的检查与更换……27 6.1A.4.4 油底壳和机油集滤器的更换……29 6.1A.4.5 发动机前盖、机油泵的更换……31 6.1A.4.6 正时链、正时链导轨、正时张紧器的更换……34 6.1A.4.7 凸轮轴链轮、曲轴链轮的更换……35 6.1A.4.8 点火线圈、凸轮轴罩盖的更换……37	
(3)拆卸曲轴皮带轮	(4)拆卸发动机前罩

(5)拆卸链条张紧器	(6)拆卸链条导板

续上表

(7)拆卸凸轮轴链轮螺栓 	(8)取下凸轮轴链轮和正时链条 

2. 零件清洁

零件清洁见表1-11。

零 件 清 洁　　　　　　　表1-11

操作要求： 用抹布对拆散的零部件进行清洁或用压缩空气吹干净。 注意事项：橡胶类零件，如密封胶垫、垫片等，应用酒精或制动液清洗，不得用煤油、汽油或碱溶液清洗，以防发胀变质
清　洁　示　例
用压缩空气吹干净  注意：不要直接地吹向地面

3. 安装顺序及检查

安装顺序及检查见表1-12。

安装顺序及检查　　　　　　　表1-12

(1)查询维修手册总目录 	(2)检查正时 

续上表

(3)安装凸轮轴链轮和正时链条	(4)紧固凸轮轴链轮螺钉

(5)安装链条导板	(6)安装链条张紧器

(7)安装发动机前罩	(8)安装曲轴皮带轮

(9)查找"气门间隙的检查和调整"相关技术参数 | 气门	
气门直径——进气	25.9±0.12
气门直径——排气	23.5±0.12
气门工作面角度	45°
气门工作面跳动量	0.03
气门座宽度——进气	5.8-0.075
气门座宽度——排气	5.4-0.075
气门杆直径——进气	4.972±0.007
气门杆直径——排气	4.963±0.007
气门导管内径	5.000~5.012
气门间隙——进气	0.075~0.125
气门间隙——排气	0.245~0.295		(10)按要求,检查、调整各气门间隙 

4. 任务检验

检查、安装正时链、正时链导板,气门间隙的检查和调整是否按维修手册操作规范来完成。

五、任务评价

对本学习任务进行评价,学生技能考核表见表1-13。

技能考核评价表　　　　　　　　　　　表1-13

班级:　　　　　　组别:　　　　　　姓名:

序号	考核内容	配分	评分标准	考核记录	扣分	得分
1	检查工具设备	5	每漏1项扣2分,扣完为止			
2	维修手册使用	10	根据使用熟练程度酌情评分			
3	拆卸	20	拆卸方法不正确每次扣5分,工具使用不当每次扣2分,扣完为止			
		5	摆放不整齐扣5分			
4	清洁	10	清洁每漏1处扣2分,扣完为止			
5	安装	20	安装方法不正确每次扣5分,工具使用不当每次扣2分,扣完为止			
6	检查、调整	15	每错误1处扣2分,扣完为止			
7	安全操作,现场整洁	10	跌落零件每次扣2分,扣完为止,不整洁扣4分			
8	安全用电,防火,无人身设备事故	5	因操作不当发生重大事故,此项按0分计			
	分数总计	100				

六、学习拓展

根据发动机维修手册,完成465Q发动机汽缸垫的更换工作。

学习项目2　发动机总成吊装

一辆上汽通用五菱轻型载货汽车,进入修理厂,车主反映该车在行车过程中存在冒黑烟、加速无力、怠速不稳和油耗增加等现象,进厂经检测后确定该发动机需要大修,现要求对发动机进行吊卸。

学习目标

知识目标

1. 知道收集汽车发动机总成吊卸操作规范相关信息,制订汽车发动机吊卸操作流程,掌握吊卸工具的使用;
2. 知道发动机的类型、分类和编号规则;
3. 了解发动机总体构造。

技能目标

1. 知道正确使用吊装设备、拆装工具;
2. 知道从汽车上吊卸及安装发动机的步骤和方法。

学习内容

1. 了解发动机的类型;
2. 介绍发动机总体构造。

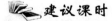

8课时

学习任务 发动机总成吊装

学习过程

一、任务要求

发动机吊装,应正确使用吊装设备和拆装工具。

二、资料收集

1. 发动机的类型

(1)按使用燃料的不同,可分为汽油发动机、柴油发动机、双燃料发动机(CNG)、燃气发动机(LPG)。

(2)按发动机工作行程的不同,可分为四冲程发动机和二冲程发动机。

(3)按发动机冷却方式的不同,可分为水冷式和风冷式发动机。

(4)按发动机汽缸体数目的不同,可分为四缸、五缸、六缸、八缸、十二缸发动机。

(5)按发动机汽缸布置方式的不同,可分为直列、斜置、对置、V型、W型。

(6)按活塞工作方式的不同,可分为往复活塞式发动机、转子活塞式发动机。

(7)汽油发动机按供油方式不同,可分为化油器式发动机、电喷发动机。

2. 发动机外部连接系统

发动机外部的常见连接系统主要有冷却系统、燃油供给系统、充电系统等,相关部件见表2-1。

发动机外部常见零件形状与名称 表2-1

续上表

3. 发动机的常见安装方式，见表2-2。

发动机常见安装定位方式 表2-2

三、任务准备

1. 所需的工量具及材料

设备：双柱举升机、五菱轻型载货汽车、液压举升运送器；

工量具：数字式扭力扳手，8号、20号、22号、24号、28号套筒，短接杆、快速扳手、鲤鱼钳、十字螺钉旋具、干净器具；

材料：抹布。

2. 流程分析

（1）吊卸顺序。

实训车停在两立柱中间→安装三件套→拆卸杂物盒→拔出油泵继电器开关→起动发动机，释放燃油压力→拔出蓄电池搭铁线和电源线→分开暖风管和真空管、散热器上水管和加机油软管→拔出怠速阀和节气门位置传感器连接插头→拆卸货厢盖板→拔出进气压力传感器、氧传感器、凸轮轴和曲轴位置传感器、爆震传感器、水温传感器、倒车开关、高压线、喷油器、炭罐电磁阀→分开节气门拉线→拆卸进油和回油管→找好顶起位置点→举升车辆→检查车辆是否平稳→升到目标高度→按手动卸荷阀，使车辆可靠停稳→分开散热器下水管→用干净器具接冷却液→拆卸排气管消声器→拆卸变速器选挡和换挡机构→拆卸离合器拉线→拆卸起动机的电源线和点火开关线→拆卸进气歧管软管→用液压举升运送器顶住发动机和变速器底部→拆卸传动轴→拆下变速器支架和发动机支架螺栓→卸下发动机。

(2) 安装顺序。

将发动机抬到液压举升运送器上→安装变速器支架和发动机支架螺栓→安装传动轴→安装进气歧管软管→安装起动机的电源线和点火开关线→安装离合器拉线→安装变速器选挡和换挡机构→安装排气管消声器→安装散热器下水管→按压电动机开关,将车辆上升少许,解除保险→按压手动卸荷阀,车辆平稳降至地面→安装进油和回油管→安装节气门拉线→安装进气压力传感器、氧传感器、凸轮轴和曲轴位置传感器、爆震传感器、水温传感器、倒车开关、高压线、喷油器、炭罐电磁阀→安装货厢盖板→安装怠速阀和节气门位置传感器连接插头→安装暖风管和真空管、散热器上水管和加机油软管→安装蓄电池搭铁线和电源线→安装油泵继电器开关→安装杂物盒→添加冷却液→起动发动机。

四、任务实施

首先在车辆维修手册上查阅发动机总成吊装相关知识,根据维修手册的提示和说明结合实车进行分析和探讨,制订正确合理的操作方案。在举升机升降过程中,严格按照维修手册的规范和要求进行操作,并在操作过程中遵守7S原则。

1. 操作步骤

根据五菱维修手册发动机总成吊装的操作步骤,见表2-3。

发动机总成吊装操作步骤　　　　　　　　　　　表2-3

(1) 将车辆停放在举升机两立柱中间,挂空挡,拉好驻车制动器,安装车轮挡块	(2) 安装三件套

(3) 拆卸杂物盒	(4) 起动发动机,释放燃油压力,直到发动机自动熄火

续上表

(5)打开驾驶室座椅并扣好 	(6)拆下驾驶员座椅处的暖风管 
(7)拆下驾驶员座椅处的发动机真空管 	(8)拆下副驾座椅下的散热器上水管 
(9)拆下副驾座椅下的发动机机油软管 	(10)拆下怠速阀和节气门位置传感器的插接器 
(11)拆下进气压力传感器、氧传感器、凸轮轴和曲轴位置传感器、水温传感器、倒车开关、高压线、喷油器、碳罐电磁阀等插接器 	(12)做好记号后,拆下节气门拉线 

续上表

(13)拆卸燃油进油管和回油管,防止泄漏 	(14)安装举升臂,将车辆上升至车轮离地20~20cm时,检查车辆是否举升平稳安全 
(15)将车辆举升到目标高度,按压下手动卸荷阀,使车辆下降少许并停稳 	(16)拆下散热器下水管 
(17)拆卸排气管消声器 	(18)拆卸变速器选挡和换挡机构 
(19)做好离合器拉线记号,并拆卸 	(20)拆卸起动机的电源线和点火开关控制线 

续上表

(21)拆卸进气歧管软管 	(22)用液压举升运送器顶住发动机和变速器底部 
(23)做好传动轴装配记号,并拆卸传动轴 	(24)拆下变速器支架和发动机支架的连接螺栓 
(25)将发动机缓缓下降,并注意安全 	(26)将发动机安放到地上并垫稳 

2. 零件清洁

将拆下来的部件用汽油进行清洗,晾干。

3. 安装顺序,见表2-4。

操作步骤及操作内容　　　　　表2-4

(1)将发动机放到液压举升运送器上,移动至合适位置,安装变速器支架和发动机支架的连接螺栓 	(2)按装配记号安装传动轴 
(3)安装进气歧管软管 	(4)连接起动机的电源线和点火开关线 
(5)按记号安装离合器拉线 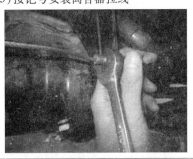	(6)安装变速器选挡和换挡机构 
(7)安装排气管消声器 	(8)安装散热器下水管 

续上表

(9)安装燃油的进油和回油管 	(10)按原来的记号安装节气门拉线 
(11)安装进气压力传感器、氧传感器、凸轮轴和曲轴位置传感器、水温传感器、倒车开关、高压线、喷油器、炭罐电磁阀等插接器 	(12)从副驾座椅处安装急速阀和节气门位置传感器插接器 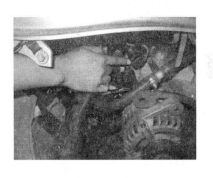
(13)从副驾座椅处安装加机油软管 	(14)从副驾座椅处安装散热器上水管
(15)从驾驶员座椅处安装真空管 	(16)从驾驶员座椅处安装暖风管 

续上表

(17)连接好蓄电池搭铁线和电源线	(18)安装燃油泵继电器

(19)添加冷却液,起动发动机	(20)整理工位

五、任务评价

对本学习任务进行评价,学生技能考核表见表2-5。

技能考核评价表　　　　　　表2-5

班级:　　　　　　组别:　　　　　　姓名:

序号	考核内容	配分	评分标准	考核记录	扣分	得分
1	检查工具设备	5	每漏2项扣2分,扣完为止			
2	吊卸	25	拆卸方法不正确每次扣5分,工具使用不当每次扣2分,扣完为止			
		5	摆放不整齐扣5分			
3	清洁	5	清洁每漏2处扣2分,扣完为止			
4	安装	25	安装方法不正确每次扣5分,工具使用不当每次扣2分,扣完为止			
5	安全操作,现场整洁	20	跌落零件每次扣2分,扣完为止,不整洁扣4分			
6	起动发动机	25	无法起动扣25分			
7	安全用电,防火,无人身设备事故	20	因操作不当发生重大事故,此项按0分计			
分数总计		130				

六、学习拓展

我校一辆比亚迪F3需要更换发动机总成,请根据维修手册完成吊装工作。

学习项目 3　发动机附件拆装及上部拆装

情景描述

一辆柳州五菱轻型载货汽车,进入维修厂,车主反映该车在驾驶中遇到提速慢、急加速回火、平时冷起动困难的现象。进厂经检测后认为是气门积炭比较严重造成,现需吊卸发动机,并对发动机的附件和上部零件总成进行解体。

学习目标

★ 知识目标

1. 认识发电机及其功用;
2. 知道冷却系统的类型、组成、原理;
3. 认识发动机供给系统各元件;
4. 认识发动机进、排气系统(进、排气歧管)的功用;
5. 知道汽缸盖、汽缸垫、燃烧室的作用、类型;
6. 知道汽缸盖、汽缸垫、汽缸盖螺栓的技术要求。

★ 技能目标

1. 能熟练地做好发动机附件拆装及汽缸盖拆装工具及材料准备工作;
2. 能熟练地按对应车型的维修手册规范要求拆卸附件及汽缸盖;
3. 能熟练地清除积炭、清洗零件;
4. 能熟练地按对应车型的维修手册规范要求安装附件、汽缸盖、汽缸垫,并按规范拧紧汽缸盖连接螺栓;
5. 操作过程中要保持场地整洁,工具及零件有序放置,养成良好的职业素养,操作完毕清洁工具及场地。

学习内容

1. 发动机附件的组成和作用;
2. 发动机附件、汽缸盖、顶置凸轮轴配气机构的拆装方法和技术要求;
3. 发动机配气机构、汽缸盖、汽缸盖罩、汽缸垫、燃烧室等的结构特点;
4. 发动机配气机构、汽缸盖、汽缸盖罩、汽缸垫、汽缸盖螺栓等的作用。

建议课时

12 课时

学习任务1　发动机附件拆装

学习目标

1. 认识发电机及其功用；
2. 知道冷却系统的类型、组成、原理；
3. 认识发动机供给系统各元件；
4. 认识发动机进、排气系统和功用；
5. 能熟练地做好发动机附件拆装工具及材料准备工作；
6. 能熟练地按对应车型和维修手册规范要求拆装附件；
7. 操作过程中要保持场地整洁,工具及零件有序放置,养成良好的职业素养,操作完毕清洁工具及场地。

建议学时:4课时

学习过程

一、任务要求

熟练做好发动机附件拆装,并正确使用拆装工具。

二、资料收集

发动机的附件主要有发电机、水泵、节气门,进、排气管,分电器及高压线等部件。如图3-1至图3-3所示。

图3-1　节气门体　　　图3-2　进气歧管与供油总管　　　图3-3　传动带

1. 发电机的功用

发电机的功用是在汽车正常运行时,给除起动机之外的其他用电设备供电,同时给蓄电池充电。

2. 进、排气系统(进、排气歧管)的功用

(1)进气管的功用。

进气歧管将空气均匀分配到各汽缸。

(2)排气消声器的功用原理。

排气消声器主要是减少噪声和消除废气中的火焰及火星,同时可以:

①多次地变动气流方向;

②重复地使气流通过收缩而又扩大的断面;

③将气流分割为很多小的支流并沿着不平滑的平面流动;

④将气流冷却。

三、任务准备

1. 所需的工量具及材料

设备:LJ465Q 发动机翻转台架(已经拆除线束)、零件车;

工量具:数字式扭力扳手,10 号、13 号、18 号套筒,短接杆、快速扳手、8 号和 10 号 T 字杆、止动器、鲤鱼钳、小平铲、13 号开口扳手;

材料:抹布。

2. 拆装流程分析

(1)拆卸顺序。

拆卸水泵皮带轮和多楔皮带→拆卸发电机支架→拆卸发电机→拆卸水泵→拆卸进气歧管总成→拆卸点火线圈和高压线→拆卸隔热罩→拆卸排气管歧管总成。

(2)安装顺序。

安装排气歧管总成→安装隔热罩→安装点火线圈和高压线→安装进气歧管总成→安装水泵→安装发电机→安装发电机支架→安装水泵皮带轮和多楔皮带。

四、任务实施

拆装发动机附件时,应根据维修手册的提示和说明,制定正确合理的维修方案。在拆装过程中,严格按照维修手册的规范和要求进行操作,并在维修过程中遵守 7S 原则。

1. 拆卸步骤

拆卸步骤见表 3-1。

拆卸步骤及操作内容　　　　　　表 3-1

(1)整理工位,检查与准备设备、工具、材料	(2)松开发电机调整螺栓

续上表

(3)拆卸水泵皮带轮和多楔皮带 	(4)拆卸发电机支架 
(5)拆卸发电机 	(6)拆卸水泵 
(7)松开进气真空软管,拆卸进气歧管总成 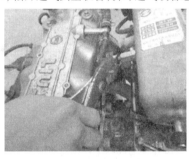	(8)拆卸点火线圈和高压线 
(9)拆卸排气歧管隔热罩 	(10)拆卸排气歧管总成 

2. 零件清洁

零件的清洁见表3-2。

零件清洁　　　　　　　　　　　　　　表3-2

操作要求：
(1)用铲刀清除粘在进气歧管与缸盖接合面的残留物质,并清洗干净;
(2)用抹布对拆散的零部件进行清洁或用压缩空气吹干净。
注意事项：橡胶类零件,如密封胶垫、垫片等,应用酒精或制动液清洗,不得用煤油、汽油或碱溶液清洗,以防发胀变质
清洁示例
用压缩空气吹干净。
注意：不要直接地吹向地面和对着人吹

3. 安装步骤

安装步骤见表3-3。

操作步骤及操作内容　　　　　　　　　表3-3

(1)安装排气歧管总成,注意安装顺序	(2)安装排气歧管隔热罩
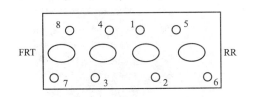	
(3)安装点火线圈和高压线	(4)安装进气歧管总成,注意安装顺序
	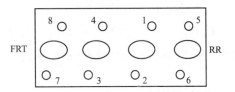

续上表

(5)安装进气歧管总成的真空软管 	(6)安装水泵 
(7)安装发电机 注意:发电机紧固螺栓待传动带调整好张紧度后才拧紧 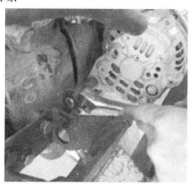	(8)安装发电机支架 
(9)安装水泵皮带轮和多楔皮带 	(10)调整皮带张紧度,拧紧发电机紧固螺钉 

4.任务检验

检查解体和安装发动机附件过程中使用工具和拆装是否规范、正确;是否符合技术要求,零件和工具是否摆放整齐,零件安装是否齐全。

五、任务评价

对本学习任务进行评价,学生技能考核表见表3-4。

技能考核评价表 表3-4

班级：　　　　　　　　组别：　　　　　　　　姓名：

序号	操作步骤	操作内容	配分	评分标准	考核记录	扣分	得分
1	拆装前准备（5分）	检查工量具及材料设备	5	未做扣5分,漏做1项扣1~2分			
2	附件总成的拆卸（35分）	（1）拆卸发电机皮带	5	1.工具使用及拆卸方法不当每次扣2分；2.零件、工具摆放不整齐扣1分			
		（2）拆卸发电机	5	1.工具使用及拆卸方法不当每次扣2分；2.零件、工具摆放不整齐扣1分			
		（3）拆卸水泵总成及其连接水管	5	1.工具使用及拆卸方法不当每次扣2分；2.零件、工具摆放不整齐扣1分			
		（4）拆卸进气管总成	5	1.工具使用及拆卸方法不当每次扣2分；2.零件、工具摆放不整齐扣1分			
		（5）拆卸起动机总成	5	1.工具使用及拆卸方法不当每次扣2分；2.零件、工具摆放不整齐扣1分			
		（6）拆卸点头线圈及高压线	5	1.工具使用及拆卸方法不当每次扣2分；2.零件、工具摆放不整齐扣1分			
		（7）拆卸排气管总成	5	1.工具使用及拆卸方法不当每次扣2分；2.零件、工具摆放不整齐扣1分			
3	清洁各零部件（15分）	清洁各零部件	15	未做扣15分,漏做1项扣3分			
4	安装发动机附件总成（35分）	（1）安装排气管总成	5	1.工具使用及安装方法不当每次扣2分；2.零件、工具摆放不整齐扣1分			

续上表

序号	操作步骤	操作内容	配分	评分标准	考核记录	扣分	得分
4	安装发动机附件总成（35分）	(2)安装点头线圈及高压线	5	1.工具使用及安装方法不当每次扣2分； 2.零件、工具摆放不整齐扣1分			
		(3)安装起动机总成	5	1.工具使用及安装方法不当每次扣2分； 2.零件、工具摆放不整齐扣1分			
		(4)安装进气管总成	5	1.工具使用及安装方法不当每次扣2分； 2.零件、工具摆放不整齐扣1分			
		(5)安装水泵总成及其连接水管	5	1.工具使用及安装方法不当每次扣2分； 2.零件、工具摆放不整齐扣1分			
		(6)安装发电机	5	1.工具使用及安装方法不当每次扣2分； 2.零件、工具摆放不整齐扣1分			
		(7)安装发电机皮带	5	1.工具使用及安装方法不当每次扣2分； 2.零件、工具摆放不整齐扣1分			
5	安全文明操作（10分）	工装整洁	5	工装不整洁扣5分			
		操作完毕，清洁和整理工量具、工位	5	未做扣5分，漏做1项扣1~2分			
	分数总计		100				

六、学习拓展

请根据发动机维修手册要求，完成丰田卡罗拉1ZR-FE发动机附件拆装工作。

学习任务2 发动机上部拆装

学习目标

1. 知道发动机配气机构的组成、工作原理，汽缸盖、汽缸垫、燃烧室的作用及类型；
2. 知道发动机配气机构拆装步骤；

3. 知道发动机上部拆装的技术要求。
建议学时:8 课时

学习过程

一、任务要求

熟练做好发动机上部拆装,并正确使用拆装工具。

二、资料收集

1. 发动机配气机构(顶置凸轮轴)的结构

配气机构是进、排气的控制机构,它按照汽缸的工作顺序和工作过程的要求,准时地开、闭进、排气门,向汽缸提供可燃混合气(汽油机)或新鲜空气(柴油机),并及时排出废气。另外,当进、排气门关闭时,保证汽缸密封。

按气门安装位置不同,可分为气门顶置式配气机构、气门侧置式配气机构。

按凸轮轴布置位置不同,配气机构可分为下置式、中置式、上置式(顶置式)。

凸轮轴顶置式配气机构由气门组和气门传动组两大部分组成。气门组的作用是封闭进、排气道;气门传动组的作用是使进排气门按配气相位规定的时刻开、闭,且保证有足够的开度。

(1)气门组。

如图 3-4 所示,气门组由气门、气门导管、弹簧座圈、气门弹簧及气门锁片等零件组成。

①气门。

气门由气门头部和气门杆两部分组成,并有进、排气门之分,是控制汽缸进入混合气(或排出废气)的阀门,形状呈菌形、平顶,头部外缘做成圆锥面,与气门座相配合。为使进气充足,进气门直径大于排气门直径,气门由耐热合金钢制成,而排气门则由两种材料对焊而成,头部为含氮耐热钢,而杆部为普通中碳低合金钢(如 40Cr10Si2Mn)制成。为了使杆部耐磨并且有足够刚度,进、排气门杆部都经镀铬处理,以增强其耐磨性。

②气门座。

气门座镶在汽缸盖燃烧室内,呈环形,内口制成锥面,装配前与气门头部锥面相对研磨,并进行密封性检查,以保证密封,故气门不能互换。

③气门导管。

气门导管镶在汽缸盖上,呈管状,内孔与气门杆配合,使气门只能沿导管轴线上下运动,以保证气门与气门座正确密合,同时将气门杆的热量传给水套。气门导管由灰铸铁或铁基粉末冶金制造,进气门导管上端装有气门杆橡胶油封,以防止气门杆与气门导管间隙处机油在进气管真空度作用下过多地进入燃烧室,造成烧机油、积炭结胶现象。

④气门弹簧与气门弹簧垫圈。

气门弹簧用来关闭气门并减缓和克服气门及其他运动零件所产生的惯性力,以保证气门组零件的正常工作。SY492 发动机采用两个不同旋向、不同直径的主、副弹簧,以减少共振机会。主弹簧用直径为 4.2mm 的优质弹簧钢丝绕制而成,预压缩高度为 46mm,副弹簧用直径为 3.2mm 的优质弹簧钢丝绕制,预压缩高度为 40mm;CA488 采用一根由直径为 4.5mm 的优质铬钒钢弹簧钢丝绕制而成,预压缩高度为 41.9mm。

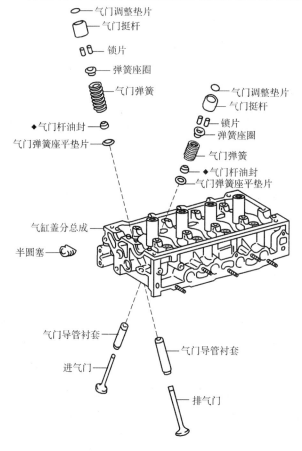

图 3-4 气门组

由于两种机型的汽缸盖均为铝合金材料,抗压能力较差,在弹簧的下面均垫有淬硬的弹簧垫圈(或气门弹簧座片),以防止气门弹簧陷进汽缸盖里。

⑤气门弹簧座与锁片。

气门弹簧座作用是将气门弹簧与气门杆连接起来,使气门弹簧的活动端与气门杆保持确定的相对位置,不至于产生歪斜。

(2)气门传动组。

顶置式配气机构气门传动组一般由凸轮轴、凸轮轴正时齿轮、正时皮带等组成。

目前发动机的凸轮轴安装位置分为下置、中置、顶置三种形式,如图 3-5 所示。其中顶置凸轮轴主要运用于轿车发动机,其按照顶置凸轮轴的数目,分为顶置单凸轮轴和顶置双凸轮轴。

(3)顶置凸轮轴的工作原理。

发动机工作时,由曲轴正时齿轮驱动正时皮带,进而驱动凸轮轴转动,控制发动机进排气门的开启和关闭,在每个汽缸有四个或更多气门的发动机上使用双顶置凸轮轴,双顶置凸轮发动机每个汽缸头有两个凸轮,因为一个凸轮轴上无法安装足够的凸轮来驱动所有的气门。

下置凸轮轴　　中置凸轮轴　　顶置凸轮轴

图3-5　凸轮轴

2.汽缸盖

(1)汽缸盖组成。

汽缸盖一般采用优质灰铸铁或合金铸铁铸造,轿车用的汽油机则多采用铝合金汽缸盖。其上加工有进、排气门座孔,气门导管孔,火花塞安装孔(汽油机)或喷油器安装孔(柴油机)。在汽缸盖内还铸有水套、进排气道和燃烧室或燃烧室的一部分。若凸轮轴安装在汽缸盖上,则汽缸盖上还加工有凸轮轴承孔或凸轮轴承座及其润滑油道,如图3-6所示。

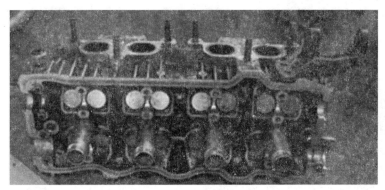

图3-6　汽缸盖

(2)汽缸盖分类。

汽缸盖有整体式、分块式和单体式三种结构形式。

(3)汽缸盖作用。

汽缸盖用来封闭汽缸顶部,并与活塞顶和汽缸壁一起形成燃烧室。另外,汽缸盖内的水套和油道也是冷却系统和润滑系统的组成部分。

3.燃烧室

(1)汽油机燃烧室。

汽油机的燃烧室主要在汽缸盖上,而柴油机的燃烧室主要在活塞顶部的凹坑。按结构不同,汽油机燃烧室可分为半球形燃烧室、楔形燃烧室、盆形燃烧室三种。

半球形燃烧室如图3-7a)所示,结构紧凑,火花塞布置在燃烧室中央,火焰行程短,故燃烧速率高,散热少,热效率高。这种燃烧室结构上也允许气门双行排列,进气口直径较大,故充气效率较高,虽然使配气机构变得较复杂,但有利于排气净化,在轿车发动机上被广泛地应用。

楔形燃烧室如图 3-7b)所示,结构简单、紧凑,散热面积小,热损失也小,能保证混合气在压缩行程中形成良好的涡流运动,有利于提高混合气的混合质量,进气阻力小,提高了充气效率。气门排成一列,使配气机构简单,但火花塞置于楔形燃烧室高处,火焰传播距离长。切诺基轿车发动机采用了这种形式的燃烧室。

盆形燃烧室如图 3-7c)所示,汽缸盖工艺性好,制造成本低,但因气门直径易受限制,进、排气效果要比半球形燃烧室差。捷达轿车发动机、奥迪轿车发动机采用盆形燃烧室。

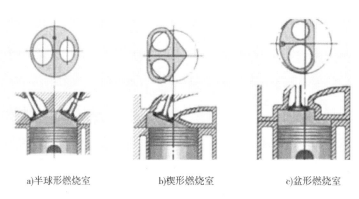

a)半球形燃烧室　　b)楔形燃烧室　　c)盆形燃烧室

图 3-7　汽油机燃烧室形式

(2)柴油机燃烧室。

柴油机燃烧室按在汽缸盖的部分主要分为预燃式、涡流式和直喷式。柴油机在工作时,吸入汽缸内的空气因活塞的运动而受到较高程度的压缩,压缩气体温度高达到 500~700℃。燃油以雾状喷入高温空气中形成可燃混合气,自动着火燃烧。燃烧中释放的能量作用在活塞顶面上,推动活塞并通过连杆和曲轴转换为旋转的机械功。

预燃式燃烧室由预燃室和主燃烧室两部分组成。预燃室在汽缸盖内,占压缩容积的 25%~40%,有一个或数个通孔与主燃烧室连通。燃料喷入预燃室中,着火后部分燃料燃烧,将未燃的混合物高速喷入主燃烧室,与空气进一步混合燃烧。这种燃烧室适用于中小功率柴油机。如图 3-8a)所示。

涡流式燃烧室由涡流室和主燃烧室组成。涡流室位于汽缸盖上,呈球形或倒钟形,占总压缩容积的 50%~80%,有切向通道与主燃烧室相通。在压缩行程时,压入涡流室的空气产生强烈的涡流运动,促使喷入其中的燃料与空气混合。着火后混合物流入主燃烧室,形成二次流动,进一步与主燃烧室内的空气混合燃烧。如图 3-8b)所示。

涡流室燃烧室和预燃室燃烧室都用轴针式喷油器,喷油压力较低,工作可靠;由于涡流室内涡流随转速增高而加强,柴油机高转速时柴油和空气仍能很好地混合。涡流室式柴油机的转速可达 4000r/min 以上,工作过程柔和,排气中有害成分较少。但散热损失和气体流动损失大,而且后燃较严重,故燃料消耗率较高;冷车起动困难,往往需要加装预热塞。

4. 汽缸垫

汽缸衬垫是汽缸盖底面与汽缸体顶面之间的密封体，在汽缸螺柱及螺母紧固下，补偿结合面的不平度，以防止燃气、冷却水和机油发生窜漏，如图3-9所示。汽缸垫是发动机各密封垫片中最重要的一种，要求其具有较高的密封性和耐热性，保证密封可靠。

a)预燃式燃烧室　　　　　　　　　b)涡流式燃烧室

图3-8　柴油机燃烧室形式

汽缸衬垫可分为金属—石棉衬垫、金属—复合材料衬垫和全金属衬垫等多种。在更换汽缸垫时注意汽缸垫安装要求，一般汽缸垫光面朝向要根据汽车两个压紧零部件膨胀系数，膨胀大的零部件容易变形而应将衬垫光滑面朝向膨胀系数大的零部件。不允许把汽缸垫放在油中浸泡，如果油浸入汽缸垫石棉层中，在安装时石棉挤出油会冲坏汽缸垫。

图3-9　汽缸垫

三、任务准备

1. 所需的工量具及材料

设备：465Q发动机翻转台架（已经拆除线束、发电机、进排气歧管等相关零件）、零件车；

工量具：数字式扭力扳手，8号、10号、14号套筒，短接杆、快速扳手、十字螺钉旋具、12号开口扳手、气门拆装钳；

材料：抹布。

2. 拆装流程分析

（1）拆卸顺序。

拆卸气门室罩→拆卸曲轴皮带轮→拆卸发动机前罩→拆卸链条张紧器→拆卸链条导板→拆卸凸轮轴链轮和正时链条→拆卸汽缸盖→拆卸凸轮轴止推板→拆卸摇臂轴紧固螺钉→拧松气门调整螺柱→推出摇臂轴→推出凸轮轴→拆除各气门。

（2）安装顺序。

安装各气门→安装凸轮轴→安装摇臂和摇臂轴→安装摇臂轴紧固螺钉→安装凸轮轴止推板→安装汽缸盖→安装凸轮轴链轮和正时链条→安装链条导板→安装链条张紧

器→安装发动机前罩→安装曲轴皮带轮→安装气门室罩盖。

四、任务实施

拆装发动机上部时,应根据维修手册的提示和说明,制定正确合理的维修方案。在拆装过程中,严格按照维修手册的规范和要求进行操作,并在维修过程中遵守7S原则。

1. 拆卸顺序

拆卸步骤见表3-5。

拆卸步骤操作内容　　　　　　　　　　　　　表3-5

(1)整理工位,设备、工具、材料检查与准备。拆卸气门室罩盖 	(2)拆卸曲轴皮带轮 
(3)拆卸发动机前罩 	(4)拆卸正时链导板 
(5)拆卸液压张紧器 	(6)用飞轮止动器固定飞轮 

续上表

(7)拆卸凸轮轴正时链轮螺栓 	(8)按图示顺序分次拧松汽缸盖螺栓,并取下汽缸盖和汽缸垫 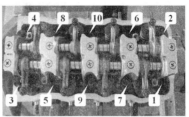
(9)拆卸凸轮轴止推板 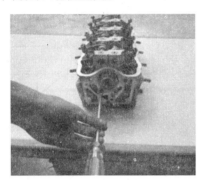	(10)拆卸摇臂轴紧固螺钉 
(11)拧松气门调整螺柱,使气门完全关闭 	(12)推出摇臂轴 
(13)摆放整齐 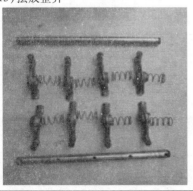	(14)推出凸轮轴 

续上表

(15)用气门拆装钳拆除各气门,取出弹簧底座、锁片、弹簧和气门 	(16)各零件摆放整齐 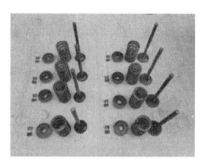

2. 零件清洁

零件清洁见表3-6。

零件清洁　　　　　　　　　　　　　　　　　表3-6

操作要求: 用抹布对零部件进行清洁或用压缩空气吹干净。 注意事项:橡胶类零件,如密封胶垫、垫片等,应用酒精或制动液清洗,不得用煤油、汽油或碱溶液清洗,以防发胀变质
清 洁 示 例
用压缩空气吹干净。  注意:不要直接地吹向地面

3. 安装顺序

安装步骤见表3-7。

安装步骤及操作内容　　　　　　　　　　　　表3-7

(1)安装各气门 	(2)安装凸轮轴 

续上表

(3)安装凸轮轴推力板	(4)安装摇臂轴

(5)拧紧摇臂轴紧钉螺钉	(6)摆放汽缸垫
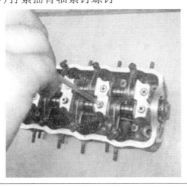	
(7)注意将汽缸垫文字朝上安装	(8)安装汽缸盖

(9)拧紧汽缸盖螺栓,拧紧顺序如图所示	(10)拧紧汽缸盖螺栓。注意:第一次力矩20N·m,第二次为(94°±4°)N·m
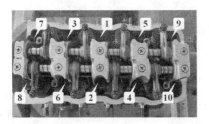	

续上表

(11)检查正时 	(12)安装凸轮轴链轮和正时链条 
(13)安装凸轮轴正时链轮的螺栓,并用止动器不让飞轮转动,拧紧螺栓力矩为48N·m 	(14)安装链条导板 
(15)安装链条张紧器 	(16)安装发动机前罩 
(17)安装曲轴皮带轮 	(18)安装气门室罩 

4. 任务检验

检查解体和安装发动机上部零件过程中使用工具和拆装是否规范、正确,是否符合技术要求。零件、工具是否摆放整齐,零件安装是否齐全。

五、任务评价

对本学习任务进行评价,学生技能考核表见表3-8。

技能考核评价表　　　　　　表3-8

班级:　　　　　　　组别:　　　　　　　姓名:

序号	操作步骤	操作内容	配分	评分标准	考核记录	扣分	得分
1	拆装前准备(5分)	检查工量具及材料设备	5	未做扣5分,漏做1项扣1~2分			
2	上部总成的拆卸(40分)	(1)拆卸气门室罩、曲轴皮带轮和发动机前罩	5	1.工具使用及拆卸方法不当扣2分; 2.零件、工具摆放不整齐扣1分			
		(2)拆链条张紧器、链条导板、凸轮轴链轮和正时链条	5	1.工具使用及拆卸方法不当扣2分; 2.零件、工具摆放不整齐扣1分			
		(3)拆卸汽缸盖	15	1.工具使用及拆卸方法不当每次扣2分; 2.零件、工具摆放不整齐扣1分			
		(4)拆卸摇臂轴和凸轮轴	5	1.工具使用及拆卸方法不当每次扣2分; 2.零件、工具摆放不整齐扣1分			
		(5)拆除各气门	10	1.工具使用及拆卸方法不当每次扣2分; 2.零件、工具摆放不整齐扣1分			
3	清洁各零部件(5分)	清洁各零部件	5	未做扣5分,漏做1项扣1分			
4	安装发动机上部总成(40分)	(1)安装各气门	10	1.工具使用及安装方法不当每次扣2分; 2.零件、工具摆放不整齐扣1分			
		(2)安装摇臂轴、摇臂和凸轮轴	5	1.工具使用及安装方法不当每次扣2分; 2.零件、工具摆放不整齐扣1分			

续上表

序号	操作步骤	操作内容	配分	评分标准	考核记录	扣分	得分
4	安装发动机上部总成(40分)	(3)安装汽缸垫和汽缸盖	15	1.工具使用及安装方法不当每次扣2分； 2.零件、工具摆放不整齐扣1分			
		(4)安装凸轮轴链轮、正时链条、链条导板和链条张紧器	5	1.工具使用及安装方法不当每次扣2分； 2.零件、工具摆放不整齐扣1分			
		(5)安装发动机前罩、曲轴皮带轮和气门室罩	5	1.工具使用及安装方法不当每次扣2分； 2.零件、工具摆放不整齐扣1分			
5	安全文明操作(10分)	(1)工装整洁	5	工装不整洁扣5分			
		(2)操作完毕,清洁和整理工量具、工位	5	未做扣5分,漏做1项扣1~2分			
	分数总计		100				

六、学习拓展

请根据发动机维修手册要求,完成丰田卡罗拉1ZR-FE发动机上部零件拆装工作。

学习项目4 发动机中下部拆装及检查更换机油泵

情景描述

某客户反映,五菱荣光汽车行驶里程1万km,汽车发动机有很大的异响,4S维修人员检测后发现该车在发动机怠速时,汽缸的上部发出清晰的敲击声。发动机低温时响声明显,温度升高后响声减弱或消失。经诊断,需要维修技工根据维修手册相关要求,在规定时间内对该汽车的发动机中下部进行拆卸,自检完成后交付班组长验收。

学习目标

★ 知识目标

1. 知道发动机中下部的作用及工作原理;
2. 知道发动机中下部总成的零件;
3. 知道发动机中部总成的拆装工具和设备;
4. 能对工作任务的完成情况进行正确总结和评估,会根据其他车型的维修手册制定发动机曲柄连杆机构拆装的基本工作流程。

★ 技能目标

1. 能叙述发动机中下部总成的拆装顺序及知道核心技术要求;
2. 能根据实际情况,正确制定发动机曲柄连杆机构拆装的基本工艺流程;
3. 操作过程中能遵守安全操作规范和7S现场管理要求。

学习内容

1. 发动机中下部总成工作原理及类型;
2. 发动机中下部总成功用;
3. 检查发动机中下部总成的工作情况;
4. 能够对发动机中下部进行拆装。

建议课时

20课时

学习任务　发动机中下部的检查及更换

学习目标

1. 知道发动机中下部的作用与工作原理;
2. 知道发动机中下部总成的零件;
3. 知道发动机中下部总成的拆装工具和设备;
4. 能对工作任务的完成情况进行正确总结和评估,会根据其他车型的维修手册指定发动机曲柄连杆机构拆装的基本工作流程。

建议课时:20课时

学习过程

一、任务要求

该项目要求掌握发动机中下部的作用及工作原理,并能按维修手册熟练拆装并检查发动机中下部。

二、资料收集

1. 曲柄连杆机构的作用

曲柄连杆机构的作用是提供燃烧场所,把燃料燃烧后气体作用在活塞顶上的膨胀压力转变为曲轴旋转的转矩,不断输出动力。曲柄连杆机构是发动机实现工作循环,完成能量转换的主要运动零件。在做功行程,它将燃料燃烧产生的热能活塞往复运动、曲轴旋转运动转变为机械能,对外输出动力;在其他行程,则依靠曲柄和飞轮的转动惯性、通过连杆带动活塞上下运动,为下一次做功创造条件。

(1)将气体的压力变为曲轴的转矩;

(2)将活塞的往复运动变为曲轴的旋转运动;

(3)把燃烧作用在活塞顶上的力转变为曲轴的转矩,以向工作机械输出机械能。

2. 曲柄连杆机构的组成

曲柄连杆机构由机体组、活塞连杆组、曲轴飞轮组三部分组成。机体组的组成包括汽缸体、汽缸垫、汽缸盖、曲轴箱及油底壳;活塞连杆组的组成包括活塞、活塞环、活塞销、连杆;曲轴飞轮组的组成包括曲轴、飞轮、扭转减振器、平衡轴。

(1)机体组。

机体是构成发动机的骨架,是发动机各机构和各系统的安装基础,其内、外安装着发动机的所有主要零件和附件,承受各种载荷。因此,机体必须要有足够的强度和刚度。发动机的机体组包括汽缸体、汽缸套、汽缸盖、汽缸盖罩、油底壳等零件,如图4-1所示。

①汽缸体。

汽缸体是发动机各个机构和系统的装配基体，是发动机中最重要的一个部件。

a. 汽缸体的形式。

根据汽缸体曲轴承孔轴线与油底壳安装平面的位置不同，通常把汽缸体分为以下三种形式：一般式汽缸体、龙门式汽缸体和隧道式汽缸体，如图 4-2 所示。

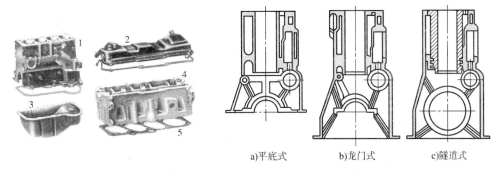

图 4-1　机体组零件图

1-汽缸体；2-汽缸盖罩；3-油底壳；4-汽缸盖；5-汽缸垫

a)平底式　b)龙门式　c)隧道式

图 4-2　汽缸体的形式组图

b. 汽缸体的冷却方式。

汽缸体有水冷式汽缸体和风冷式汽缸体两种，汽车上较常用的冷却方式为水冷式。

水冷式汽缸体一般与上曲轴箱铸成一体。汽缸体上部有汽缸，汽缸周围的空腔相互连通构成水套。下半部分是用来支承曲轴的曲轴箱。风冷式汽缸体和曲轴箱采用分体式结构，汽缸体和曲轴箱分开铸造，然后再装配到一起。

汽缸套有干式和湿式两种。

干式汽缸套外表面不直接与冷水接触，其壁厚一般为 1 ~ 3mm。缸套外表面与其装配的汽缸体内表面采用过盈配合。湿式缸套外表面直接与冷却水接触，冷却效果好。其壁厚比干式缸套厚，一般为 5 ~ 9mm，如图 4-3 所示。

c. 汽缸的排列形式。

汽车发动机常见的汽缸排列方式有：直列式、V 形、对置式 W 形和星形，如图 4-4 所示。

a)湿式缸套　b)干式缸套

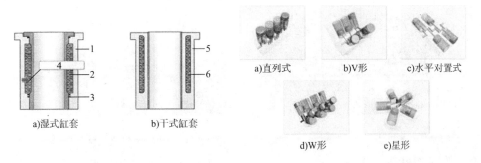

图 4-3　缸套组图

1-汽缸盖；2-冷却液；3-密封圈；4-缸套直接与冷却液接触；5-汽缸壁；6-冷却液

图 4-4　汽缸的排列形式组图

d. 汽缸盖。

汽缸盖的主要作用是封闭汽缸上部,与活塞顶部和汽缸壁一起构成燃烧室。

一般水冷式发动机汽缸盖内铸有冷却水套,缸盖下端面与缸体上端面向所对应的水套是相通的,利用水的循环来冷却燃烧室壁等高温部分;风冷式发动机汽缸盖上铸有许多散热片,靠增大散热面积来降低燃烧室的温度。

发动机的汽缸盖上应有进排气门座导管孔和进排气通道等。汽油机汽缸盖还应有火花塞孔,而柴油机则设有安装喷油器的座孔。

②汽缸垫。

汽缸盖与汽缸体之间装有汽缸衬垫,其作用是保证汽缸盖与汽缸体间的密封,防止燃烧室漏气、水套漏水,如图4-5所示。

③曲轴箱。

曲轴箱是容纳汽车曲轴的空腔结构,对于常见的发动机来说,其在发动机的下部,如图4-6所示。

图4-5 汽缸垫

图4-6 曲轴箱

④油底壳。

油底壳的主要作用是储存机油并封闭曲轴箱。油底壳受力很小,一般采用薄钢板冲压而成,如图4-7所示。

⑤机油泵。

机油泵的使用是将油底壳里的机油压送到滤清器,并使机油经过滤清器后仍能可靠地输送到各个润滑油道和各运动件的摩擦表面。当发动机工作时,机油泵不断的工作,保证机油在润滑油路中不断循环,如图4-8所示。

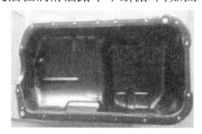
图4-7 油底壳

图4-8 机油泵

(2)活塞连杆组。

活塞连杆组是发动机的传动件,它把燃烧气体的压力传给曲轴,使曲轴旋转并输出动力。活塞连杆组由活塞、活塞环、活塞销、连杆、连杆轴瓦等组成,如图4-9所示。

①活塞。

活塞的作用是与汽缸盖、汽缸壁等共同组成燃烧室,并承受汽缸中气体压力,通过活塞销将作用力传给连杆,以推动曲轴旋转。

a. 活塞的结构。

活塞主要由顶部、头部和裙部组成。

活塞顶部的形状与选用燃烧室有关。常见的活塞头部形状有平顶式、凹顶式和凸顶式,如图 4-10 所示。

活塞头部是活塞环槽以上部分。其作用有三个:承受气体压力,并传给连杆;与活塞一起实现汽缸密封;将活塞顶所吸收的热量通过活塞环传给汽缸壁。头部切有环槽用以安装活塞环,汽油机一般有 2~3 道环槽,上面 1~2 道用于气环,下面 1 道用于安装油环。油环槽底面上钻有许多径向小孔,使被油环所刮下来的多余的机油,经过小孔流回油底壳。

活塞裙部是指自油环槽下端面起至活塞底面的部分。其作用是为活塞在汽缸内做往复运动导向时承受侧压力。

图 4-9　活塞连杆

1-连杆螺母;2-连杆轴瓦;3-连杆盖;4-连杆;5-活塞;6-油环;7-油环衬簧;8-第二压缩环;9-第一压缩环;10-活塞销;11-连杆螺栓

b. 活塞环。

活塞环安装在活塞环槽内,用来密封活塞与汽缸壁之间的间隙,防止窜气,同时使活塞往复运动更顺捷。活塞环保证汽缸的密封性,同时防止环卡死在汽缸内或胀死在环槽中,所以安装时,活塞环应留有端隙、侧隙和背隙,如图 4-11 所示。

端隙:又称开口间隙,是活塞环装入汽缸后开口处的间隙,一般为 0.25~0.50mm。

侧隙:又称边隙,是环高方向上与环槽之间的间隙。第一道气环因温度高,侧隙一般为 0.04~0.10mm;其他气环一般为 0.03~0.07mm。油环侧隙较小,一般为 0.025~0.07mm。

背隙:活塞环装入汽缸后,活塞环背面与环槽底部之间的间隙,一般为 0.5~1mm。

a)平顶活塞　　b)凹顶活塞　　c)凸顶活塞

图 4-10　活塞顶部组图

图 4-11　活塞环

1-开口间隙(端隙);2-背隙;3-侧隙

活塞环按其安装作用可分为气环和油环两种。

气环的作用是保证活塞与汽缸壁之间的密封,阻止汽缸中的高温、高压燃气窜入曲轴箱,同时还将活塞顶部的大部分热量传给汽缸壁,再将冷却水或空气带走。油环是在活塞往复运动时,给活塞及环相对汽缸壁的接触提供润滑,如图 4-12 所示。

活塞环安装其形状可分为如下几种,如图 4-13 所示。

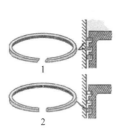

图 4-12 活塞环
1-气环；2-油环

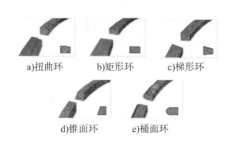

图 4-13 活塞环断面图

锥面环：安装时，注意锥角朝下（在环端有向上或 TOP 等标记）。

扭曲环：非矩形断面的扭曲环安装时，必须注意环的断面形状和方向，应将其内圆切槽向上，外圆切槽向下，不能装反。

梯形环：常用于热负荷较大的柴油机的第一道环。

桶面环：已普遍地在强化柴油机中用做第一道环。

② 活塞销。

活塞销的作用是连接活塞和连杆小头，并将活塞所受的气体作用力传给连杆。

活塞销通常为空心圆柱体，有时也按等强度要求做成截面管状体结构。活塞销一般采用低碳钢或低碳合金制造。

活塞销与活塞销座孔和连杆小头衬套孔的连接采用全浮式和半浮式连接。采用全浮式连接，活塞销可以在孔内自由转动；采用半浮式连接，销与连杆小头之间为过盈配合，工作中不发生相对转动；销与活塞销座孔之间为间隙配合，如图 4-14 所示。

a)全浮式　　b)半浮式

图 4-14 活塞销
1-连杆自由转动；2-连杆与活塞销一体转动

③ 连杆。

连杆的作用是连接活塞与曲轴，连杆小头通过活塞销与活塞相连，连杆大头与曲轴的连杆轴颈相连。连杆将活塞承受的力传给曲轴，推动曲轴转动，从而将活塞的往复运动变为曲轴的旋转运动。

连杆由连杆体、连杆盖、连杆螺栓和连杆轴瓦等零件组成，连杆体与连杆盖分为连杆小头、杆身和连杆大头。

连杆小头用来安装活塞销，以连接活塞。杆身通常做成"工"或"H"形断面，以求在满足强度和刚度要求的前提下减少质量。连杆大头与曲轴的连杆轴颈相连。一般做成分开式，与杆身切开的一半称为连杆盖，二者靠连杆螺栓连接为一体，如图 4-15 所示。

连杆轴瓦安装在连杆大头孔座中，与曲轴上的连杆轴颈装合在一起，是发动机中最重要的配合副之一。常用的减磨合金主要有白合金、铜铅合金和铝基合金。

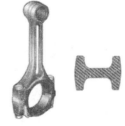

图 4-15 连杆

（3）曲轴飞轮组。

曲轴飞轮的作用是把活塞的往复运动转变为曲轴的旋转运动,为汽车的行驶和其他需要动力的机构输出转矩。同时它还储存能量,用以克服非做功行程的阻力,使发动机运转平稳。

曲轴飞轮组主要由曲轴、飞轮以及其他不同作用的零件和附件组成,如图4-16所示。

①曲轴的作用。

曲轴是发动机最重要的机件之一。其作用是将活塞连杆组传来的气体作用力转变成曲轴的旋转力矩对外输出,并驱动发动机的配气机构及其他辅助装置工作,如图4-17所示。

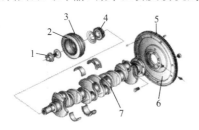 

图4-16 曲轴飞轮 图4-17 曲轴
1-起动爪;2-扭转减振器;3-带轮;4-正时齿轮;
5-齿圈;6-飞轮;7-曲轴

曲轴前端主要用来驱动配气机构、水泵和风扇等附属机构,前端轴上安装有正时齿轮(或同步带轮)、风扇与水泵的带轮、扭转减振器以及起动爪等。

②曲轴的结构。

曲轴包括前端轴、主轴颈、连杆轴颈、曲柄、平衡重、后端轴等。一个连杆轴颈和它两端的曲柄及主轴颈构成一个曲拐。曲轴后端采用凸缘结构,用来安装飞轮,如图4-18所示。

曲轴在装配前必须经过动平衡校验,对不平衡的曲轴,常在其偏重的一侧平衡重或在曲柄上钻去一部分质量,以达到平衡的要求。

③飞轮。

飞轮是一个转动惯量很大的圆盘,外缘上压有一个齿圈,与起动机的驱动齿轮啮合,供起动机发动机时使用。飞轮的主要功用是用来储存做功行程的能量,用于克服进气、压缩和排气行程的阻力和其他阻力,使曲轴能均匀的旋转,如图4-19所示。

飞轮上通常还刻有第一缸点火正时记号,以便校准点火时刻。多缸发动机的飞轮应与曲轴一起进行动平衡试验。为了保证在拆装过程中不破坏飞轮与曲轴间的装配关系,采用定位销或不对称螺栓布置方式,安装时应加以注意。

④曲轴扭转减振器。

曲轴是一种扭转弹性系统,其本身具有一定的自振频率。在发动机工作过程中,经连杆传给连杆轴颈的作用力的大小和方向都是周期性变化的,所以曲轴各个曲拐的旋转速度也是忽快忽慢呈周期性变化。安装在曲轴后端的飞轮转动惯量最大,可以认为是匀速旋转,由此造成曲轴各曲拐的转动比飞轮时快时慢,这种现象称之为曲轴的扭转振动。当振动强烈时,曲轴甚至会扭断。扭转减振器的功用就是吸收曲轴扭转振动的能量,消减扭转振动,避免发生强烈的共振引起的严重恶果。

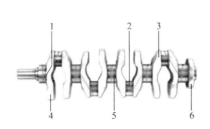

图 4-18 曲轴结构图

1-润滑油道;2-连杆轴颈;3-曲柄臂;4-平衡重;5-主轴颈;6-后端凸缘

图 4-19 飞轮

1-飞轮挡圈;2-飞轮;3-飞轮挡圈;4-齿圈;5-飞轮固定螺栓

三、任务准备

1. 所需的工量具及材料

设备:五菱荣光 B12 发动机翻转台架(已经拆除线束、发电机、进排气歧管、油底壳等相关附件);

工具及耗材:工作台 1 个、工具车(含常用工具)1 台、零件车 1 台、定扭矩扳手 1 套、五菱维修手册 1 套、托盘 1 个、铲刀 1 把、机油壶 1 个、活塞连杆螺栓保护套、气枪及气管 1 套、抹布若干。

2. 拆装流程分析

(1)拆卸顺序:拆卸油底壳→拆卸机油泵→拆卸飞轮→拆卸汽缸盖及缸垫→拆卸 1、4 缸活塞→拆卸 2、3 缸活塞→拆卸活塞环→拆曲轴后油封座→拆卸曲轴。

(2)安装程序:安装曲轴→安装曲轴后油封座→安装活塞环→安装 2、3 缸活塞→安装 1、4 缸活塞→安装缸垫及汽缸盖→安装飞轮→安装机油泵→安装油底壳。

四、任务实施

1. 发动机中下部拆卸

发动机中下部拆卸步骤见表 4-1。

发动机中下部拆卸步骤   表 4-1

(1)旋松机油泵紧固螺钉,拆卸机油泵。 注意油底壳的螺母拆卸顺序为对角螺母分批次拧松 	(2)用飞轮止动器固定飞轮 

续上表

(3)旋松飞轮紧固螺钉,拆卸飞轮。 注意:按对角线顺序拧下飞轮连接螺栓。飞轮较重,拆卸时注意安全 	(4)按图示顺序拆卸汽缸盖。 注意:拆卸时不能用推的方式操作扭力扳手,必须用拉的方式操作 | 2 | 6 | 10 | 7 | 3 | |---|---|---|---|---| | 1 | 5 | 9 | 8 | 4 |
(5)如过紧,用橡胶锤轻轻敲汽缸盖肋部。取下缸盖及缸垫 	(6)转动曲轴,使发动机1缸和4缸活塞处于下止点 
(7)拆卸1、4缸活塞连杆盖 	(8)用橡胶锤或手锤木柄分别推出1、4缸的活塞连杆组件 
(9)用手在汽缸出口接住并取出活塞连杆组件 	(10)同样方法拆卸2、3缸活塞。 注意:连杆轴承盖与活塞连杆应按顺序配对放好 

续上表

(11)观察连杆盖安装方向标记 	(12)观察活塞安装方向标记 
(13)用工具在连杆上做出标记。 注意:连杆轴承盖与连杆体侧面有配对标记,应配对放好,各缸连杆也应按顺序放好。如无标记,则需做出标记,配对放好 	(14)用活塞环拆装钳拆下1缸活塞气环。 注意:活塞环拆装需用专用工具,切勿直接用手操作 
(15)用手拆卸1缸活塞油环 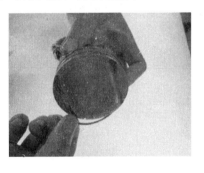	(16)在曲轴后油封上拧入一颗自攻螺钉,用钳子将油封拉出并废弃油封。交叉拧下曲轴后油封座螺6颗,拆下曲轴后油封座及定位销。 注意:拆卸时注意6颗螺栓分批次拧松 
(17)按图示序号从两端到中间旋松曲轴主轴承盖紧固螺钉,取下主轴承盖。并对应做好标记,摆放整齐。 注意:主轴承盖与下轴瓦对应摆放,防止安装时出现错误 | 1 | 5 | 9 | 8 | 4 | | 2 | 6 | 10 | 7 | 3 |	(18)取下曲轴、上轴瓦、止推片,并按位置做好标记 

续上表

| (19)曲柄连杆机构拆卸完毕,零件按照拆卸顺序依次摆放整齐
 | |

2. 零件清洗、润滑

零件清洗、润滑步骤见表4-2。

零件清洗、润滑步骤 表4-2

零 件 的 清 洁
操作要求: (1)用铲刀清除粘在缸盖上平面的积炭和发动机前罩及发动机侧端面的密封胶及其他残留物质,并清洗干净; (2)用煤油或专用洗涤剂对拆散的金属及塑性零部件进行清洁,清洁后用压缩空气吹干。 注意事项:橡胶类零件,如皮圈、垫片等,应用酒精或制动液清洗,不得用煤油、汽油或碱溶液清洗,以防发胀变质

清 洁 示 例	
清洁曲轴  注意:用专用清洁毛刷清洗,防止毛刷掉毛	用压缩空气吹干 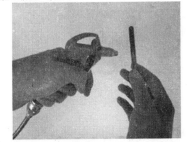 注意:不要直接地吹向地面
润 滑 零 件	

3. 发动机中下部安装

发动机中下部安装步骤见表4-3。

发动机中下部安装步骤　　　　　　表4-3

(1) 安装轴瓦。 ①按照拆卸所做标记把上轴瓦安装到缸体上。 ②安装曲轴止推片，安装位置为第3主轴承座两侧，止推片摩擦面（有油槽）朝向曲轴。 ③安装曲轴到缸体上，安装时曲轴主轴颈需完全坐入相对应缸体主轴承孔，同时方向正确。安装过程中不得划伤轴瓦。 ④将下轴瓦安装到对应的主轴承盖上 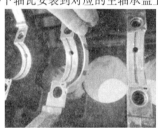	(2) 安装曲轴主轴承盖。 注意：安装主轴承盖要使每个箭头（在盖上）指着前端。从前端（皮带轮）起，要以1、2、3、4、5的次序安装。 
(3) 按图示顺序拧紧主轴承盖螺栓，拧紧力矩为 (57.5 ± 2.5) N·m。 注意：安装后确认曲轴可以顺利转动 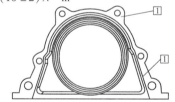	(4) 安装曲轴后油封座。 ①在曲轴后油封1上涂密封胶，胶水直径2.5mm，胶线2距离倒角边缘1～2mm，密封胶型号为乐泰5900。 ②在涂胶5min内将曲轴后油封座安装到缸体上，并按对角线顺序拧紧曲轴后油封座螺栓，拧紧力矩为 (10 ± 2) N·m 
(5) 安装活塞环。注意：活塞环的安装顺序是先油环后气环，活塞环标记朝上，若无标记，任意面朝上即可。安装时不要损坏活塞环，同时应让各环间隙成"品"字形排列，不能排成直线 	(6) 安装活塞连杆螺栓保护套。转动曲轴，使2、3缸活塞处于下止点

续上表

(7)让活塞表面的向前标记朝向发动机前端,用活塞环压缩器压缩活塞环。 注意:安装前润滑连杆轴颈和汽缸壁,使用活塞环压缩器时小心伤手 	(8)木柄将活塞推进汽缸内,直到与汽缸上表面平齐。 注意:安装时控制连杆大端位置,防止连杆大端损坏汽缸壁与曲轴轴颈。 按照拆卸时做的标记对应安装连杆盖,拧紧连杆盖螺母,拧紧力矩为(33 ± 2)N·m 
(9)同样方法安装1、4缸活塞。 注意:安装完毕后转动曲轴,检查安装情况	(10)安装汽缸盖和缸垫。按图示顺序拧紧缸盖螺栓。拧紧力矩为$(22\pm2)+(82\pm2)$N·m。 注意:汽缸垫的安装方向 | 9 | 5 | 1 | 4 | 8 | | 10 | 6 | 2 | 3 | 7 |
(11)安装飞轮。 ①安装飞轮到曲轴上,拧上飞轮螺栓,注意不要拧紧。 ②用飞轮止动器固定飞轮,按对角线顺序分批次拧紧飞轮螺栓,拧紧力矩为(65 ± 5)N·m。 注意:安装前确认飞轮干净,且无碎片、腐蚀等影响功能和外观的缺陷	(12)安装机油泵 
(13)安装油底壳 	

4. 任务检验

检查发动机在不同的转速下中下部的工作情况,转动是否有卡滞现象,各工况工作正常,则表明安装正确。

清洁工具、场地。

五、任务评价

技能考核评价表见表4-4。

技能考核评价表　　表4-4

班级：　　　　　　　　　　组别：　　　　　　　　　姓名：

序号	考核内容	配分	评分标准	考核记录	扣分	得分
1	检查工具设备	2				
2	正确使用工具仪器	8	工具使用不当扣8分			
3	拆卸活塞及连杆	5	拆卸方法不正确酌情扣分			
		5	不做标记扣5分			
		5	摆放不按顺序扣5分			
4	做好标记,拆卸飞轮、曲轴	20	拆卸方法不正确酌情扣分			
			不做标记扣5分			
5	组装曲轴飞轮组	15	组装顺序错误酌情扣分			
6	清洁、润滑	5	漏清洁1处,扣1分			
		5	漏润滑1处,扣1分			
7	组装活塞连杆组	15	组装顺序错误酌情扣分			
8	遵守安全规程,正确使用工量具,操作现场整洁	10	每项扣2分,扣完为止			
	安全用电,防火,无人身设备事故	5	因操作不当发生重大事故,此项按0分计			
	分数总计	100				

六、学习拓展

我校实训楼发动机大修区有一台丰田5A的发动机,请查找相关技术资料,制定出详细的丰田5A的发动机曲柄连杆机构的拆装方案及相关注意事项。

学习项目5 检查或更换正时带

 情景描述

一辆1.5L丰田威驰车,车主反映汽车突然熄火,之后无法起动。经维修人员检查后发现发动机舱内的正时带断裂,导致气门咬死,活塞不运转,火花塞无法点着火,现需要维修技工根据维修手册相关要求,在规定时间内更换正时带,自检完成后交付班组长验收。

学习目标

⭐ 知识目标

1. 了解正时带的作用;
2. 明确正时带的重要性、安全性及更换的必要性;
3. 知道正时带的常见故障现象。

⭐ 技能目标

1. 能按维修手册要求规范拆装正时带;
2. 了解检查判断正时带好坏的方法。

 学习内容

1. 正时带的作用;
2. 明确正时带的重要性、安全性及更换的必要性;
3. 按技术要求完成正时带的检查及更换。

建议课时

6课时

学习任务 检查或更换正时带

学习过程

一、任务描述

该项目要求拆下发动机正时皮带,检查皮带外观的磨损情况,并根据维修手册要求进行更换和装复;皮带与正时齿轮的配合要符合相关规定。

二、资料收集

1. 正时带的作用

正时带是发动机配气系统的重要组成部分,通过与曲轴的连接并配合一定的传动比来保证进、排气时间的准确。正时,就是通过发动机的正时机构,让每个汽缸正好做到:活塞向上正好到上止点时,气门正好关闭,火花塞正好点火。因此正时带的作用就是当发动机运转时,活塞的行程(上下的运动)、气门的开启与关闭(时间)及点火的顺序(时间),在"正时"的连接作用下,时刻要保持"同步"运转。

2. 正时带的安装位置

不同于附属装置的驱动皮带,它们很容易被看到而且易于检查,正时带往往隐藏在一个盖子后面,要依据发动机及发动机舱的布置才能触及。然而,在多数情况下,正时带上的盖子,至少盖子的上半部,是可以拆下或者移开的,便于仔细地检查及更换皮带。检查时,如果看到的不是保养良好、张紧适度的皮带,就应该及时把它更换掉,如图5-1所示。

图5-1 正时带的安装位置

3. 正时带的检查

正时带属于耗损品,而且正时带一旦断裂,凸轮轴就不会照着正时运转,此时极有可能导致气门与活塞撞击而造成严重毁损,所以正时带一定要依据原厂指定的里程或时间更换。正时带没有破裂,并不意味着它没有问题。随着皮带越用越旧,它拉伸的程度势必超过张紧装置能够补偿的范围,因而产生正时带轮打滑。而轮齿磨损、有润滑油附着等也会导致打滑。检查时,如果皮带有硬度降低、磨蚀、纤维断裂,或者出现裂纹、裂缝的现象,就表明皮带已破损,不可以继续使用。

厂家都对正时齿带规定有更换周期,一般为每5万~10万km更换一次。有时候不到保养期也会出问题,这主要是由于齿带本身质量问题、更换后的安装问题、张紧轮故障、受到油类等液体的腐蚀以及车辆使用不当等原因。

三、任务准备

1. 所需的工量具及材料

设备：丰田5A发动机；

工量具：扭力扳手、短杆、橡胶锤、快速扳手、顶拔器、10、12T字杆及15号、17号、19号梅花套筒各一件，直尺、游标卡尺；

材料：抹布、皮带。

2. 拆装流程分析

（1）拆卸顺序。

拆卸正时带上罩盖、中罩盖→找一缸压缩上止点并对正正时标记→拆卸正时皮带轮→拆卸正时带下罩盖→拆卸正时带导轮→拆卸惰轮张紧弹簧→拆卸正时皮带→拆卸惰轮。

（2）安装程序。

安装惰轮→安装惰轮张紧弹簧→找一缸压缩上止点并对正正时标记→安装正时皮带→安装正时带导轮→安装正时带下罩盖→安装正时皮带轮→安装正时带上罩盖、中罩盖。

四、任务实施

1. 拆卸正时带

拆卸正时带步骤见表5-1。

正时带拆卸步骤　　　　　表5-1

(1) 拆下气门室罩盖	(2) 拆下正时带上盖

(3) 拆下正时带中盖	(4) 顺时针转动曲轴到1缸的压缩上止点，确保皮带轮槽口对准正时皮带下盖上的正时标记"0"

续上表

(5)检查凸轮轴正时皮带轮的"O"形标记与轴承盖的正时标记是否对准,否则,转动曲轴一圈	(6)检查凸轮轴正时皮带轮的"O"形标记与轴承盖的正时标记是否对准,否则,转动曲轴一圈
(7)使用拉玛拆下曲轴皮带轮	(8)拆下曲轴带轮
(9)拆下正时皮带下盖	(10)拆下正时皮带导轮
(11)旋松惰轮安装螺钉	(12)拆下惰轮张紧弹簧

续上表

(13)拆下正时皮带	(14)拆下正时皮带惰轮

2. 检查正时带

正时带检测数值及要求见表5-2。

正时带检测数值及要求　　　　　　　　　　表5-2

张紧器弹簧长度(mm)	38.5	惰轮弹簧的张紧力(N)	35~38
张紧器螺栓(N·m)	52	曲轴皮带轮螺栓(N·m)	152

（1）注意事项。

①不弯曲、扭转或翻转正时带。

②不允许正时带接触油、水和蒸汽。

③重复使用的正时带时应标明初始安装方向。

（2）检查要点。

①检查是否正确安装,检查正时盖垫片是否损坏,有无正确安装。

②如果皮带上的齿有裂纹或损坏,检查凸轮轴或水泵是否抱死。

③如果皮带表面有明显裂纹或损坏,检查皮带轮是否有破损。

④如果仅皮带上的一侧有磨损或损坏,检查皮带导轮和每个皮带的定位；如果皮带齿有明显磨损,检查正时盖损坏、校正正时垫片安装和皮带齿上的异物,如果有必要就需要直接更换正时带。

（3）检查惰轮的转动是否灵活,如果必要,应予更换,如图5-2所示。

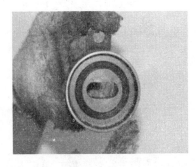 

图5-2　惰轮的检查

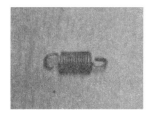

图 5-3 惰轮张紧弹簧长度检查

（4）检查惰轮的张紧弹簧，如图 5-3 所示。

① 用游标卡尺测量弹簧的自由长度，自由长度值为 36.9mm。如果弹簧长度不适合应予更换。

② 在标准安装长度下弹簧张力为 35～38N。

3. 安装正时带

正时带的安装步骤见表 5-3。

正时带安装步骤   表 5-3

（1）安装正时皮带惰轮。注意：先不要拧紧螺栓 	（2）安装张紧弹簧，推惰轮尽量靠近曲轴正时皮带轮并拧紧螺栓 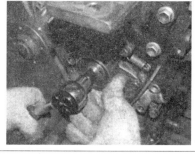
（3）转动凸轮轴正时皮带轮，使"O"形标记与轴承盖的正时标记对正 	（4）用曲轴皮带轮螺栓，转动曲轴并对准曲轴正时皮带轮和机油泵体的正时标记 
（5）安装正时皮带 	（6）检查配气正时，松开惰轮螺栓，从上止点位置慢慢转两圈再回到上止点位置。注意：只能顺时针转动曲轴。检查每个皮带轮对准正时标记，如果没有对准正时标记，拆下正时皮带重新安装 

续上表

(7)紧固正时皮带惰轮(拧紧力矩为52N·m),拆下曲轴皮带轮安装螺栓 	(8)检查正时皮带挠度,皮带挠度为5~6mm(0.20~0.25in)20N(2kgf,5.5lbf),如果挠度不合适,调节惰轮 
(9)安装正时皮带导轮 	(10)安装正时皮带下盖 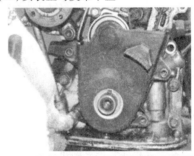
(11)安装曲轴皮带轮(拧紧力矩为152N·m) 	(12)安装正时皮带中盖和正时皮带上盖 

4. 任务检验

检查安装是否到位,是否遗漏部件。起动发动机,使发动机保持在不同工况的情况下观察正时带的工作情况,各工况均工作正常,则证明正时带更换安装正确。最后清洁工具、场地。

五、任务评价

技能考核评价表见表5-4。

汽车检测与维修技术(初级学习领域一)

技能考核评价表 表 5-4

班级：　　　　　　　　　　组别：　　　　　　　　　　姓名：

序号	操作步骤	操作内容	配分	评分标准	扣分	得分
1	拆装前准备 (5分)	检查工具及材料	5	未做扣5分		
2	拆卸正时带 (30分)	(1)标记正时带的旋转方向	10	未标注扣5分		
		(2)发动机旋转到一缸上止点	10	未做扣10分		
		(3)卸下正时带	10	张紧轮拆卸不正确扣10分		
3	更换新正时带及调整正时 (40分)	(1)凸轮轴正时带轮上的标记与缸盖护板或正时带护罩上的标记对齐	20	1.未做扣10分； 2.将正时带装配至曲轴正时带轮时旋转方向错误扣10分		
		(2)将发动机旋转到一缸上止点	15	未做扣20分		
		(3)安装正时带及张紧轮	5	安装方法不对扣5分		
4	复检发动机正时 (15分)	按发动机的转动方向旋转曲轴至少两周，确认正时带由张紧轮适当的张紧	15	未做或方法不正确扣15分		
5	安全文明操作 (10分)	(1)工装整洁	5	工装不整洁扣5分		
		(2)操作完毕，清洁和整理工量具	5	未做扣5分		
		分数总计	100			

六、学习拓展

1.正时皮带与正时链条的优点与缺点(宏观比较)

(1)厂家优缺点。

①采用正时皮带能降低成本这是毋庸置疑的,反之则增加成本。

②采用正时皮带厂家能在后期的使用中连续受益(出售皮带挣去利润)。

③采用正时皮带提高发动机的动力性(在皮带链条优缺点中解释)。

(2)用户优缺点。

①使用正时皮带的发动机会给用户增加后续的养车成本,反之链条则无需支付这项费用(30万km以内)。

②正时皮带由于使用寿命的关系,如果更换不及时会导致汽车抛锚。

2. 正时皮带与正时链条优缺点(细节比较)

(1)皮带的优点。

①皮带噪音小。

②皮带传动阻力小,传动惯性也小,能提高发动机的动力性及加速性能。

③皮带更换容易。

(2)皮带的缺点。

①易老化,故障率高。

②30万km以内使用成本增加。

(3)链条的优点。

①使用寿命长(30万km以内无需更换)。

②故障率低,不易发生由于正时传动故障导致的汽车抛锚。

(4)链条缺点。

①链条转动噪声大。

②链条传动阻力大,传动惯性也大,从一定的角度来讲增加油耗,降低性能。

学习项目6 发动机节气门清洗

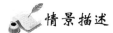 情景描述

一辆轿车,进入修理厂,车主反映该车怠速不稳且抖动、低速时加速不良、冷车起动困难。经班组长的检查后发现是由于节气门脏了所致,现需要维修技工根据维修手册相关要求,在规定时间内对节气门进行检查清洗,自检完成后交付班组长验收。

📖 学习目标

 知识目标

1. 知道节气门的作用、分类;
2. 节气门为什么会脏及脏了会有何影响;
3. 知道节气门的拆装要点及清洗过程。

 技能目标

1. 能熟练做好节气门拆装、清洗工量具及材料准备工作;
2. 能熟练地按对应车型的维修手册规范要求拆装节气门;
3. 能熟练地按对应车型的维修手册规范要求清洗节气门;
4. 操作过程中要保持场地整洁及工量具有序放置,养成良好的职业素养,操作完毕清洁工量具及操作场地。

 学习内容

1. 节气门的作用;
2. 节气门组件脏后对发动机性能的影响;
3. 节气门的拆装过程及注意事项;
4. 按技术要求完成节气门的清洗。

📖 建议课时

8课时

学习任务 发动机节气门清洗

学习过程

一、任务要求

该项目要求拆下节气门体,并检查节气门是否磨损严重,是否脏堵,并根据维修手册要求进行装复;装复后节气门的各项指标均要符合相关规定。

二、资料收集

1. 节气门的功用

节气门是当今电喷车发动机系统最重要的部件,它的上部是空气滤清器,下部是发动机缸体,是汽车发动机的咽喉。它通过加速踏板确定进气量,车子加速是否灵活,与节气门的清洁有很大关系。

2. 节气门的分类

节气门直动式节气门和电子节气门两大类,其中电子节气门又包括电液式、线性电磁铁式、步进电机式和直流伺服电机式四种。就目前而言,以直动式节气门为主。

3. 节气门为何会脏

节气门脏是电喷车的顽疾,这个原因很多,简单来说是没有被空滤过滤掉的灰尘黏结在节气门的周边,遇到油气形成油泥,长时间就形成了所谓的积炭。脏的速度取决于路况、空滤质量、使用机油的品牌、质量,空气温度状况,发动机工作温度、驾驶习惯等多方面。

4. 节气门脏的后果

怠速不稳抖动、低速时加速不良、冷车起动困难、二次打火、行进抖动、怠速或低速熄火、油耗增加,严重的话会因影响加速踏板和进气量的感知度,造成电脑传输信号滞后、发生错误,导致发动机防污染报警,甚至车辆不能起动。

5. 节气门清洗的方法

节气门清洗可分为拆卸清洗与非拆卸清洗,两者区别在于是否把节气门体拆下来进行清洗。

拆卸清洗的优点是可保证清洗的效果,缺点是拆卸过程中容易出现机械损伤和安装出现位置偏差,有的还须做节气门的匹配。

非拆卸清洗的优点是操作简单且不容易出现拆装引起的问题,缺点是可能有的角落无法清洗到位。

拆卸清洗应该是发展方向,本项目也按拆卸清洗的方法进行。

三、任务准备

1. 所需的工量具及材料

设备：相应车辆或台架；

工量具：一字螺钉旋具、十字螺钉旋具、鲤鱼钳、10号梅花扳手；

材料：干净抹布、清洗剂、密封胶、密封垫、磁性护垫。

2. 拆装流程分析

(1) 拆卸顺序。

拆下蓄电池负极→拔下各连接线束→拆下进气管和空气滤清器→拆下节气门体。

(2) 清洗和安装顺序。

对节气门进行清洗→安装节气门体→安装进气管和空气滤清器→安装各连接线束→安装蓄电池负极。

四、任务实施

1. 拆卸节气门体

拆卸节气门体步骤见表6-1。

传动带拆卸步骤　　　　　　　　　表6-1

(1) 工具、材料检查与准备，量具检查与校对；把汽车开到水平路面停放好，拉好驻车制动器；打开发动机罩，用支撑杆把发动机罩支撑好；用磁性护垫把左右翼子板、前保险杠垫好	(2) 关闭点火开关，断开蓄电池负极 
(3) 拆下二次空气泵与空气滤清器的连接气管。 提示：该接头属于塑料卡扣接头，容易损坏，拔下该气管时不要直接拉，以免把接头扯坏，应用手握住气管端转动一个角度再拔下	(4) 拔下空气流量计插头。 提示：拔插头时不能拉住插头线束拔下插头，会把线扯断，应用手压住插头卡扣后，再捏住插头拔下

续上表

(5)扳开空气滤清器锁扣 	(6)用一字螺钉旋具拧松紧固夹,取下真空管 
(7)用鲤鱼钳拆下进气管与节气门组件连接的紧固夹 	(8)取下进气管和空气滤清器,放置在零件车上 
(9)拔下节气门组件线束插头 	(10)用鲤鱼钳把节气门体上的进、出水管夹扣退出连接部位,取下节气门体上的水管、炭罐电磁阀的真空管 
(11)拆下节气门体的四颗紧固螺钉,取下节气门体 	

2. 清洗节气门体及安装

清洗节气门体及安装步骤见表6-2。

清洗节气门体及安装　　　　　　　表6-2

(1) 用干净的抹布喷上清洗剂对节气门进行擦拭清洗。 提示:此方法与直接喷洗相比更好 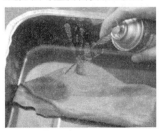	(2) 若直接喷洗节气门体,注意电器部位朝上。 提示:此方法虽不如擦拭清洗,但方便 
(3) 清洗干净后的节气门体 	(4) 装复节气门体。 　装复节气门体按照拆卸的相反顺序安装,电子节气门在拆下清洗后要进行匹配,匹配方法参照本系列书相关章节

3. 任务检验

检查清洗后的节气门须干净;检查安装须到位;起动发动机,发动机各工部下运转均正常。说明此次节气门清洗完成效果良好。

清洁工具、场地。

五、任务评价

技能考核见表6-3。

技能考核评价表　　　　　　　表6-3

班级:　　　　　　组别:　　　　　　姓名:

序号	考核内容	配分	评分标准	考核记录	扣分	得分
1	正确使用工量具	10	工具使用错误扣10分			
2	拆卸顺序,要求符合标准	20	拆卸顺序错误1次扣6分			
3	清洗到位,彻底	30	每未清洗到位1处扣6分			
4	装配顺序、力矩要求合适	20	装配顺序错误1次扣6分			
5	操作规范、有序、场地清洁	10	每项扣3分,扣完为止			
	遵守安全规范、无人身、设备事故	10	有人身、设备事故的,此项为0分			
	分数总计	100				

六、学习拓展

1. 洗完后为什么要初始化

节气门变脏后,节气门开度会增大以提高到合适的进气量(脏的节气门在同一开度下进气量减少),这是电控系统的自适应学习功能,随着日积月累,节气门怠速开度就发生了大变化。清洗节气门后,怠速时节气门的开度过大,应恢复到初始状态。所以要做初始化。

有的车即使不做初始化,仍然会自适应回去;但是有的车因偏差过大,回不到初始状态。这也就是说如果经常洗节气门,变化不大,无须初始化;但是不经常洗的,就必须做初始化,否则将会导致车辆抖动、发动机报警、熄火。

2. 什么时候该洗

用公里数界定是不科学的,每个人路况不一样、驾驶习惯不一样,可能有的人几千公里就必须洗一次,有的人几万公里也无须洗。提供一个基本建议,上海路况 1 万~3 万 km 洗一次。如果出现以下节气门脏的症状就必须洗了,如怠速抖动、转速表大幅跳动后才正常、无故熄火、怠速高、点火困难、加速吃力等。

3. 洗完后会有什么感觉

症状消失,加速轻快,提速有力,油耗降低。

4. 如何预防节气门脏

(1)用合适的机油。

(2)尽量少怠速运转。

(3)高转速换挡,不要低速高挡。

(4)常跑高速,常拉转速。

(5)不要使用劣质的"大流量"风格,空滤要勤换。

5. 北京伊兰特节气门体清洗

北京伊兰特节气门清洗见表 6-4。

伊兰特节气门清洗　　　　　　　　　　表 6-4

(1)节气门体安装位置	(2)用鲤鱼钳取下发动机防护罩

续上表

(3)取下曲轴箱通风管 	(4)拔下怠速起动机线束插头 
(5)拔下节气门位置传感器线束插头 	(6)取出节气门拉索 
(7)取下进气管总成 	(8)拆怠速起动机 
(9)拆下的怠速起动机 	(10)拧松取下节气门体固定螺钉和螺母,拔出进、出水管,取下节气门体 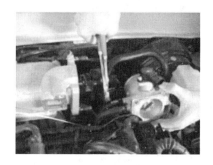

续上表

（11）对节气门进行擦拭清洗 	（12）清洗怠速起动机 提示：清洗前要把怠速起动机密封垫小心取下，如损坏需更换新件。用清洗剂直接喷洗直到干净，注意喷洗过程中怠速起动机电器部位要朝上 
（13）装复节气门体和怠速起动机。清洗干净后，按拆装顺序的相反顺序安装好节气门体和怠速起动机，把线束插头安装到位，试车验证发动机性能，此节气门不需要进行匹配	

学习项目7 检查和更换保险杠

 情景描述

一辆柳州五菱轻型载货汽车进入维修厂,车主反映货车因发生碰撞事故,导致前保险杠严重变形,经分析保险杠变形严重,需要对其进行修复或更换,现需要维修技工根据维修手册相关要求,在规定时间内对货车保险杠进行拆卸修复或更换,自检完成后交付班组长验收。

 学习目标

★ 知识目标

1. 知道保险杠的定义及作用;
2. 知道保险杠的类型;
3. 知道保险杠的结构及组成。

★ 技能目标

1. 知道准备拆装保险杠的材料及工具;
2. 会使用保险杠的拆装工具;
3. 能按维修手册要求规范拆装保险杠。

 学习内容

1. 保险杠的定义及类型;
2. 保险杠的功用;
3. 保险杠的结构及组成;
4. 按技术要求完成保险杠的更换;
5. 注意事项。

建议课时

4课时

学习任务　检查和更换保险杠

学习过程

一、任务要求

该项目要求拆下前保险杠进行检查,必要时进行更换,并根据维修手册要求进行装复;保险杠的装配要符合相关规定。

二、资料收集

1. 保险杠的定义及作用

随着汽车工业的发展,汽车保险杠作为一种重要的安全装置也走向了革新的道路,现代轿车前后保险杠除了保持原有的保护功能外,还要追求与车体造型的和谐与统一,追求本身的轻量化。

汽车保险杠是吸收缓冲外力、防护车身前后部的安全装置,如图7-1所示。

2. 保险杠的结构

塑料保险杠是由外板、缓冲材料和横梁三部分组成,如图7-2所示。其中外板和缓冲材料用塑料制成,横梁用厚度为1.5mm的冷轧薄板冲压成U形槽;外板和缓冲材料附着在横梁上,横梁与车架纵梁螺栓连接。这种塑料保险杠一般使用聚酯系和聚丙烯系两种材料,采用注射成型法制成。此外,还有一种称为聚碳酯系的塑料,渗进合金成分,采用合金注射成型的方法,加工出

图7-1　保险杠

来的保险杠不但具有高强度的刚性,还具有可以焊接的优点,而且涂装性能好,在轿车上的用量越来越多。

3. 保险杠的类型

按保险杠的功能,可分为非吸能式和吸能式。

非吸能式保险杠由于没有内衬,支架也基本不吸能,所以缓冲吸能能力较差,基本只起装饰作用,不起保护作用。我国市场上的部分轻型客车使用的就是非吸能式保险杠,这其实是汽车安全性能的一个重大隐患。

吸能式保险杠按缓冲吸能的方式不同可大致分为三类:自身吸能式、液压吸能式、带气腔式。

普通式(自身吸能式)保险杠:这种保险杠结构比较简单,它主要通过内衬和支架的变形吸收能量。大部分轿车都是使用这种形式的保险杠。由于支架需要有一定的强度,

因此通常使用金属材料,而内衬的材料则多种多样,包括各种塑料、泡沫状金属材料、树脂等复合材料和蜂窝状材料等。这种保险杠的缓冲性能通常由缓冲材料的特性决定。

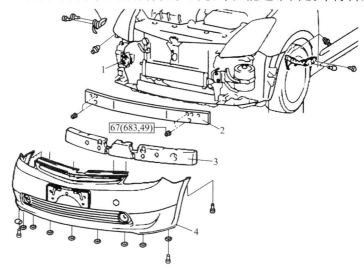

图7-2 保险杠的组成

1-连接板与易溃缩纵梁;2-铝合金保险杠加强横梁;3-吸能缓冲材料;4-塑料保险杠壳体

液压吸能式保险杠:这种类型的保险杠的液压缓冲器通常作为保险杠的支架。当汽车与障碍物发生碰撞时,冲击力通过横杠内侧加强件传到活塞上,活塞推动液压油通过节流孔压向活塞右腔,推动活塞向左移动,并使氮气受到压缩,这样利用液压油的节流力吸收能量,效率可以高达80%,工作特性比较稳定。

带气腔式保险杠:这种类型的保险杠与自身吸能式保险杠的区别在于气腔通常作为内衬安装在外盖板和横杠之间,当碰撞发生时,气腔被压缩,进而影响其外面包裹部件的变形方式,从而改善吸能效果。相关文献曾指出,合理地设计气腔个数和气压并保证包裹气腔部件的强度,这种保险杠与自身吸能式保险杠相比能使时速为15km/h、偏置碰撞设计值为40%的减速度减小20%~50%。

安全气袋式保险杠:这是一种专门为了保护行人而设计的保险杠,简单的说,就是把安全气囊装入保险杠内,在行人触及保险杠的瞬间,保险杠内藏推板迅速落下,阻止行人被撞倒在车底下,与此同时,保险杠前方和两侧的气囊迅速充气,将被撞行人托起,这种保险杠可以有效地保证被撞行人的安全,但尚处于研究和试验阶段。

4.五菱轻型载货汽车保险杠

五菱轻型载货汽车的前保险杠为普通式(自身吸能式)保险杠,它无明显的后保险杠,为非独立式的保险杠,其与货厢底板连成一体成为货厢的一部分,如图7-3、图7-4所示。

三、任务准备

1.所需的工量具及材料

设备:五菱轿车1辆;

工量具:梅花扳手、内六角扳手等;

材料:维修手册、维修工单、安全操作规程、转向盘护套、脚垫、座椅护套三件套,三角木若干,抹布若干。

图 7-3　五菱前保险杠

图 7-4　五菱非独立后保险杠

2. 拆装流程分析

(1)拆卸顺序。

拆卸前保险杠→拆卸固定螺栓→更换新保险杠。

(2)安装程序。

安装保险杠→安装固定螺栓并按技术要求上紧。

四、任务实施

1. 就车拆装前保险杠

拆卸前保险杠的操作步骤见表 7-1。

拆卸前保险杠　　　　表 7-1

(1)工具、材料检查与准备,安装三件套、拉驻车制动器、挂空挡 	(2)用内六角扳手拆前保险杠保护胶条固定螺栓 
(3)用梅花扳手拆前保险杠前部的紧固螺栓 	(4)用梅花扳手拆保险杠侧部的紧固螺栓 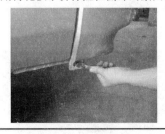

续上表

(5)将前保险杠上的前照灯接头解开 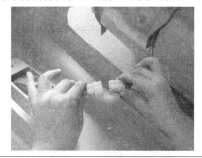	(6)取下前保险杠 
(7)清洁、检查前保险杠 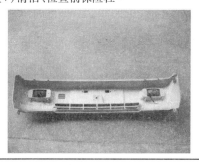	

2. 安装前保险杠

安装前保险杠步骤与拆卸的步骤相反,后拆先装,先拆后装,安装保险杠→安装固定螺栓并按技术要求上紧。

注意事项:安装每个部件,必须要保持相互之间的平面间隙和对称。

3. 清洁、整理工位

按7S的要求进行清洁工作场地及工具,规范放置工具及抹布。

4. 任务检验

检查安装是否到位,是否遗漏部件,是否平整。

五、任务评价

对本学习任务进行评价,学生技能考核表见表7-2。

技能考核评价表　　　　　　　　　　　　　　　　表7-2

班级:　　　　　　组别:　　　　　　姓名:

考评项目	技术要求考评标准	分值	得分
准备工作	准备工具是否齐全,根据工具选择使用酌情评分	5	
三件套、三角木的安装	安装三件套的、三角木,根据操作熟练程度酌情评分	10	

续上表

考评项目	技术要求考评标准	分值	得分
挂空挡、拉驻车制动器	挂空挡,拉驻车制动器,根据操作熟练程度酌情评分	10	
拆卸保险杠	拆卸方法错误每项扣 5 分,不按规定技术要求操作,每处扣 5 分	25	
清洁、检查	不做此项操作每项扣 5 分	10	
安装保险杠	安装方法错误每项扣 5 分,不按规定技术要求操作,每处扣 5 分	30	
整理、清洁工位	清洁、整理工位,根据清洁、整理效果酌情评分	10	
总评(注:造成设备、工具人为损坏或人身伤害的本学习任务计 0 分)			

六、学习拓展

塑料保险杠具有一定的强度、刚性和装饰性,在安全上,汽车发生碰撞事故时能起到缓冲作用,保护前后车体;在外观上,可以很自然地与车体结合在一块,浑然一体,具有很好的装饰性,成为装饰轿车外型的重要部件。

另外,为了减少轿车在发生侧撞事故时对乘员的伤害,在轿车上通常安装有车门保险杠,以增强车门的防撞击能力,这种方法实用、简单,对车身结构的改动不大,已经普遍推广使用。

安装车门保险杠就是在每扇车门的门板内横置或斜置数条高强度的钢梁,起到车前车后保险杠的作用,做到整部轿车前后左右都有保险杠"护驾",形成一个"铜墙铁壁",使得轿车乘员有一个最大限度的安全区域。当然,安装这种车门保险杠对于汽车制造商来说,无疑会增加一些成本,但对于轿车的乘员来说,安全性和安全感都会增加。

学习项目 8 离合器检修

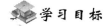 情景描述

一辆 2009 年产的行驶里程为 5.8 万 km 的上汽通用五菱汽车,车主反映汽车起动时易熄火和闯车。经检查后发现该车发动机在怠速运转时,离合器踏板虽已踩到底,但挂挡困难,并伴有变速器齿轮撞击声。

学习目标

知识目标

1. 知道离合器的组成、功用、工作原理;
2. 知道离合器的间隙和行程大小;
3. 知道离合器的维护与检测方法。

技能目标

1. 会准备离合器拆装的材料、工具;
2. 能按对应车型的维修手册规范要求检查、调整离合器踏板高度、自由行程;
3. 能按照技术标准和规范完成离合器拆装、检查作业的工作任务;
4. 能将遵守安全操作规范和 7S 现场管理要求贯彻到操作过程中。

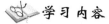 学习内容

1. 离合器组成、功用及工作原理;
2. 离合器间隙和行程;
3. 离合器检测;
4. 按技术标准和规范完成离合器的就车更换。

建议课时

20 课时

学习任务 离合器检修

学习过程

一、任务要求

1. 本项目要将变速器从车上整个拆下来,检修离合器的摩擦片。
2. 检修从动盘、膜片弹簧、分离轴承,调整离合器间隙和行程。
3. 检查变速器安装是否到位,是否遗漏部件。起动发动机并挂挡试车,检查是否漏油,是否还存在异响声,踏板行程是否在合适的行程。

二、资料收集

1. 离合器组成、功用

(1)离合器的组成基本相同,都由主动部分、从动部分、压紧装置、分离机构(图 8-1)和操纵机构(图 8-2)组成。

①主动部分由飞轮、离合器盖和压盘等组成;
②从动部分主要由从动盘组成;
③压紧装置与分离机构由膜片弹簧、压力板、金属带及收缩弹簧等组成;
④操纵机构由踏板、拉杆、调节叉及踏板复位弹簧等组成。

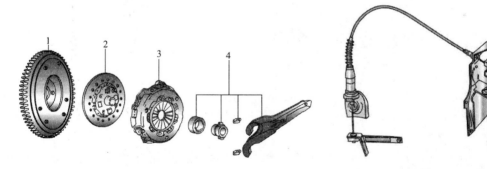

图 8-1 离合器的组成
1-主动部分;2-从动部分;3-压紧装置;4-分离机构

图 8-2 离合器的操纵机构

(2)离合器是汽车传动系的重要组成部分,安装在发动机与变速器之间,其功用如下:

①使发动机与传动轴逐渐接合,保证汽车平稳起步;
②暂时切断发动机与传动系的联系,便于发动机的起动和变速器的换挡;
③限制所传递的转矩,防止传动系统过载;
④降低扭振冲击,延长变速齿轮寿命。

2. 摩擦式离合器的类型

摩擦式离合器的类型较多,可分为单片式、双片式、多片式。

按压紧弹簧的形式及布置形式可分为周布螺旋弹簧式(图8-3)、膜片弹簧式(图8-4)、中央弹簧式(图8-5)等。

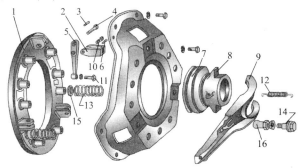

图8-3 周布螺旋弹簧式离合器

1-压盘;2-分离杆杠支架;3-滚针;4-滚针轴承销;5-分离杆杠;6-滚柱;7-分离轴承;8-分离套筒;9-分离叉;10-支架销;11-调整螺钉;12-分离套筒复位弹簧;13-压紧弹簧;14-球头锁紧栓;15-隔热垫圈;16-球头销

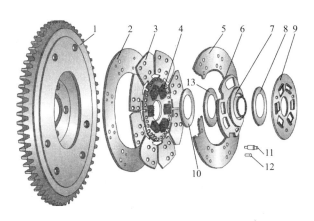

图8-4 膜片弹簧式离合器

1-飞轮;2、5-摩擦衬片;3-波浪形弹簧片;4-减振弹簧;6-从动盘毂;7-调整垫片;8、13-摩擦垫圈;9-减振器盘;10-调整垫圈;11-支撑销;12-空心铆钉

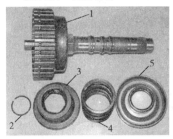

图8-5 中央弹簧式离合器

1-离合器鼓;2-卡环;3-弹簧座圈;4-中央弹簧;5-活塞

按操纵机构可分为机械杆式和拉索式(图8-6)、液压式(图8-7)、气压式和空气助力式等。

3. 离合器的间隙和离合器踏板的行程

(1)自由间隙:离合器接合时,分离轴承前端面与分离杠杆端头之间的间隙。

(2)分离间隙:离合器分离后,从动盘前后端面与飞轮及压盘表面间的间隙。

(3)离合器踏板自由行程:从踩下离合器踏板到消除自由间隙所对应的踏板行程是自由行程。

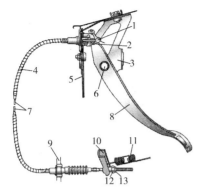
图8-6 机械式操纵机构
1-拉索球端;2-踏板限位挡块;3-踏板支架;4-拉索外套;5-驾驶室前壁;6-踏板轴;7-内拉锁;8-踏板;9-离合器壳;10-分离叉;11-复位弹簧;12-调整螺钉;13-锁紧螺母

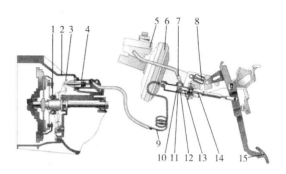
图8-7 液压式操纵机构
1-离合器分离轴承;2-变速器壳体;3-分离板;4-工作缸;5-储液罐;6-真空助力器;7-低压油管;8-助力弹簧;9-高压油管;10-皮碗;11-钢片;12-主缸;13-活塞;14-推杆;15-离合器踏板

（4）离合器踏板工作行程:消除自由间隙后,继续踩下离合器踏板,将会产生分离间隙,此过程所对应的踏板行程是工作行程。如图8-8所示。

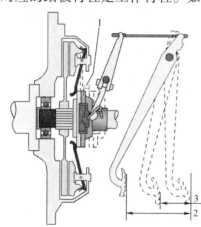

> 离合器的自由间隙——离合器处于接合状态时,分离轴承与分离杠杆内端之间预留的间隙称为离合器的自由间隙。
> 自由间隙的作用——防止从动盘摩擦片磨损变薄后压盘不能向前移动而造成离合器打滑

> 离合器踏板的自由行程——消除离合器的自由间隙和分离机构、操纵机构零件的弹性变形所需要的离合器踏板的行程

图8-8 离合器的间隙与行程
1-离合器的自由间隙;2-离合器踏板的总行程;3-离合器踏板的自由行程

4.摩擦式离合器的工作原理

离合器的工作过程可以分为分离过程和接合过程:

（1）在分离过程中,踩下离合器踏板,在自由行程内首先消除离合器的自由间隙,然后在工作行程内产生分离间隙,离合器分离（图8-9）。

（2）在接合过程中,放开离合器踏板,在工作行程内首先消除分离间隙,然后在自由行程内产生离合器的自由间隙,离合器接合（图8-10）。

5.液压式离合器操纵机构组成

液压式离合器操纵机构通过离合器踏板和分离轴承之间的主缸、工作缸及液压管路相连,离合器依靠人力产生的液压力控制。它主要由踏板、主缸、工作缸、分离叉、分离轴承和管路组成（图8-11）。

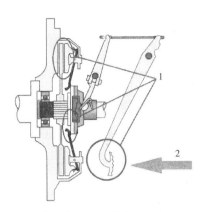
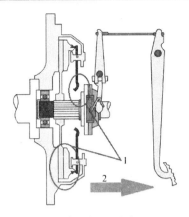

图8-9 离合器的分离过程
1-分离过程;2-踏下踏板

图8-10 离合器的接合过程
1-接合过程;2-放开踏板

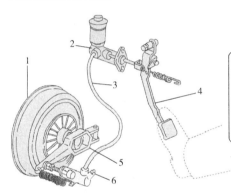

液压式操纵机构一般是由离合器踏板、离合器主缸(又称总泵)、工作缸(又称分泵)、分离叉、分离轴承和管路系统组成。

图8-11 液压式离合器操纵机构
1-离合器外壳;2-主缸;3-挠性软管;4-离合器踏板;5-分离叉;6-工作缸

6. 离合器总泵结构

离合器主缸是连接在离合器脚踏板并通过油管与离合器助力器连接的部分(图8-12),其作用是采集踏板行程信息通过助力器的作用使离合器实现分离。它主要由储液罐、阀杆、活塞、推杆、复位弹簧、壳体等组成(图8-13)。

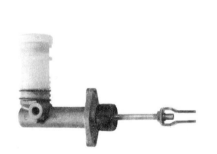
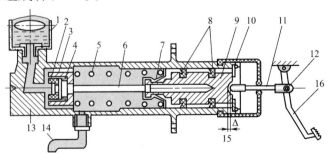

图8-12 离合器主缸

图8-13 离合器主缸结构
1-储液罐;2-阀门;3-前弹簧座;4-锥形复位弹簧;5-主缸活塞复位弹簧;6-阀杆;7-后座弹簧;8-密封圈;9-活塞;10-挡圈;11-主缸推杆;12-偏心调整螺栓;13-主缸壳体;14-管路;15-$\Delta = 2 \sim 8mm$;16-踏板

7. 离合器分泵结构

离合器分泵是通过油管与离合器主缸连接的部分(图8-14),其作用与主缸相似。它主要由调整螺母、放气阀、活塞、推杆、弹簧、壳体等组成(图8-15)。

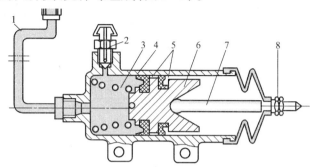

图8-14 离合器工作缸　　　　　图8-15 离合器工作缸结构

1-管路;2-放气阀;3-弹簧;4-工作缸壳体;5-密封圈;6-活塞;
7-工作缸推杆;8-调整螺母

8. 膜片弹簧离合器结构和类型

(1)膜片弹簧离合器由飞轮、从动盘、压盘、离合器盖总成、分离轴承、分离轴承套、分离轴承套夹和分离叉组成(图8-16)。

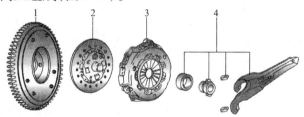

图8-16 膜片弹簧离合器的组成

1-飞轮;2-离合器从动盘;3-离合器压盘及盖总成;4-分离轴承

(2)膜片弹簧离合器(图8-17)根据分离杠杆内端受压力还是受推力,可分为推式膜片弹簧离合器(图8-17a)和拉式膜片弹簧离合器(图8-17b)。

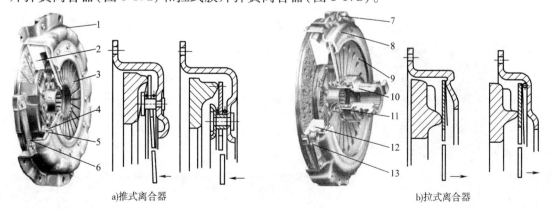

a)推式离合器　　　　　　　　　　　　b)拉式离合器

图8-17 膜片弹簧离合器

1-离合器盖;2-压盘;3-膜片弹簧;4-支承铆钉;5-支承环;6-传动片;7-压盘活动铆钉;8-离合器盖;9-膜片弹簧;10-离合器分离轴承;11-卡式连接;12-压盘;13-传动片

9. 离合器从动盘组成、类型

(1) 从动盘由两片摩擦片、波形片、减振弹簧、减振器盘等组成(图8-18)。

(2) 从动盘(图8-19)有两种类型:刚性(不带扭转减振器),如图8-19a)所示;柔性(带扭转减振器),如图8-19b)所示。

10. 需要的工具和设备

(1) 需要使用的设备及工具有液压举升机、变速器托架、世达成套组合工具、定扭矩扳手。

(2) 游标卡尺。

游标卡尺要用于汽车上零部件规定的外径、内径、深度等数据测量,属于精密测量仪器(图8-20)。

(3) 专用工具 PT-0080。

飞轮锁紧装置主要用于飞轮拆装时的固定(图8-21)。

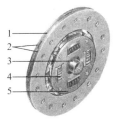

图8-18 离合器从动盘组成

1-波形片;2-摩擦片;3-花键轴套;4-减振弹簧;5-减振器盘

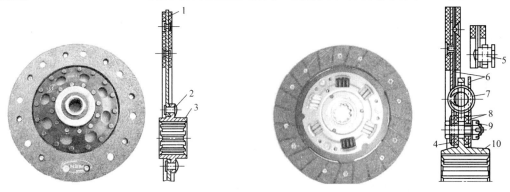

a) 刚性(不带扭转减振器)　　　　b) 柔性(带扭转减振器)

图8-19 从动盘

1-从动盘钢片;2-铆钉;3-从动盘毂;4-蝶形弹簧;5-限位销;6-从动盘钢片和减振器盘;7-减振弹簧;8-减振摩擦片;9-紧固螺钉;10-从动盘毂

(4) 专用工具 PT-0100。

离合器导轴主要用于离合器从动盘安装时的定位,便于变速器的安装(图8-22)。

图8-20 游标卡尺　　　图8-21 飞轮锁紧装置　　　图8-22 离合器导轴

11. 离合器的维护

国产中型载货汽车的离合器,一级维护时,应检查离合器踏板的自由行程。二级维护时,检查分离轴承复位弹簧的弹力。如有离合器打滑、分离不彻底、接合不平顺、分离时发响、发抖等故障发生,还需对离合器进行拆检,以及更换从动盘、中压盘、复位弹簧及分离轴承等附加作业项目。

12.离合器主要零件的检修

(1)飞轮。

飞轮后端不能出现沟槽、翘曲和裂纹等,磨损沟槽深度不能超过0.5mm。

(2)压盘和离合器盖。

压盘和离合器盖不能出现翘曲和破损现象,压盘磨损沟槽不能超过0.5mm,压盘的极限减薄量不能超过1mm,压盘有严重的磨损或变形应更换新件。

(3)从动盘。

从动盘不能出现烧蚀、龟裂、油污、铆钉外露或松动,铆钉头深度不能小于0.8~0.5mm。摩擦片有轻微的油污可用汽油清洗后,用喷灯火焰烘干;有轻微硬化、烧损,可用砂布打磨;磨损严重,铆钉头埋入深度不符合规定(桑塔纳为0.8mm),或有裂纹、脱落、严重烧损或油污时,应予更换。各铆钉不得松动,从动盘花键毂与变速器第一轴的配合间隙应符合该车型参数。

(4)膜片弹簧。

膜片弹簧因长时间负荷而疲劳,造成弯曲、折断或弹力减弱而影响动力传递。如弯曲需校正,折断应予更换。膜片弹簧宽度若发生变化,表示膜片弹簧受力不均,超过极限时应更换,可用卡尺检查膜片弹簧的宽度;膜片弹簧小端磨损的检查用卡尺检查离合器压盘上膜片弹簧的小端与分离轴承接触磨损的痕迹,深度不得大于0.6mm。

三、任务准备

1.所需的工具及材料

设备:五菱车、举升机、变速器托架、零件车、工具车;

材料:润滑脂、砂纸、干净的抹布;

工具、量具:三件套、翼子板布、车轮挡块、世达成套组合工具、定扭矩扳手、风动扳手、游标卡尺;

专用工具:飞轮锁紧装置、离合器导轴。

2.拆装流程分析

(1)拆卸程序。

拆卸离合器周围附件→拆卸传动轴→拆卸变速器→拆卸离合器→拆卸离合器片。

(2)检查程序。

从动片检查→压盘膜片弹簧检查→分离轴承检查。

(3)安装程序。

安装离合器片→安装离合器→安装变速器→安装传动轴→安装离合器周围附件。

四、任务实施

在进行离合器检修拆装作业之前,应首先在车辆维修手册上找到"离合器的检查与更换"这一章节,根据维修手册的提示和说明并结合实车进行分析和探讨,制定正确合理的维修方案。在拆装过程中,严格按照维修手册的规范和要求进行操作,才能保证顺利完成离合器拆装的维修作业,同时在维修过程中遵守7S原则。

根据五菱维修手册离合器检修拆装步骤如下:

1. 工具设备准备

操作前准备见表8-1。

操作前准备　　　　　　　　　　　　　　　　　　表8-1

设　　备	工具及耗材
五菱荣光整车1辆、剪式(两柱)举升机1台、变速器托架1台	三件套、翼子板布1套、车轮挡块、工具车(含常用工具)1台、零件车1台、定扭矩扳手1套、风动扳手套、五菱维修手册1套、抹布若干

2. 离合器周围附件拆卸

(1)车辆防护。

①正确调整车辆位置,将车辆驶入举升工位,并拉紧驻车制动器;

②安装车辆防护装置,维修作业前,先安装好三件套和翼子板布、车轮挡块等防护装置;

③正确安装举升臂,将举升臂调置到车辆下方正确的举升位置;

④正确举升车辆,车辆举升离地10cm后,停止举升,轻轻晃动车辆检查车辆是否稳固再继续举升。

(2)变速器周围附件拆卸。

变速器周围附件的拆卸见表8-2。

变速器周围附件拆卸　　　　　　　　　　　　　　表8-2

| (1)翻转驾驶员座椅和前乘客座椅;
(2)断开蓄电池正极(+)和负极(-)。注意:要先断开负极,再断正极;
(3)变速器置于空挡位置。放松驻车制动器,举升车辆;
(4)拆下离合器拉索,拆下锁紧螺母和调整螺母,取下离合器拉索 |  |

续上表

(5)拆下曲轴位置传感器,先断开曲轴位置传感器线束接头,再拆下曲轴位置传感器 	(6)断开倒车灯线束接头 
(7)断开起动机引线和电线 	(8)断开车速传感器线束连接 
(9)拆下发动机与车身搭铁线 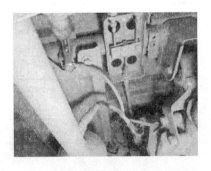	(10)拆下选挡软轴和换挡软轴,用螺钉旋具撬出选挡软管和换挡软轴后端卡簧,拆下变速器侧换挡软轴及选挡软轴弹性开口销,取下换挡软轴和选挡软轴 

3. 传动轴、变速器、离合器的拆卸

(1)传动轴拆卸。

传动轴的拆卸见表8-3。

传动轴拆卸 表8-3

(1)拆下传动轴与后桥连接螺母及螺栓,用手托住传动轴。 注意:断开传动轴与后桥。 链接的同时,标记下凸缘叉与后桥法兰的相对位置,以便在安装时参考 	(2)将传动轴滑动叉从变速器输出中轴抽出 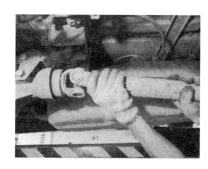
(3)用堵盖将传动轴滑叉和变速器输出轴堵塞住 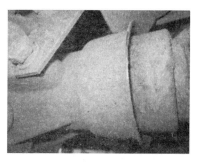	

(2)变速器拆卸。

变速器的拆卸见表8-4。

变速器拆卸 表8-4

(1)用托架托顶在变速器 	(2)拆下发动机后梁与车身连接螺栓 

续上表

(3)松开变速器与发动机连接螺栓和螺母 	(4)拧松隔板螺栓(待拆下变速器时一同取下隔板) 
(5)拆下变速器总成。从汽车下面连带发动机后横梁一起,慢慢取出变速器总成	

(3)离合器拆卸。

离合器的拆卸见表8-5。

离合器拆卸　　　　　　　　　　　　　　　　　　表8-5

(1)拆下分离轴承,分离轴承卡簧,取出分离轴承 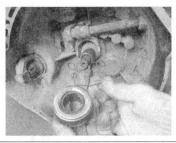	(2)取下分离叉轴,分离轴承座固定螺栓,取出分离轴承座,取出分离叉轴 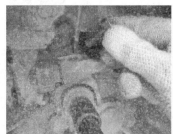
(3)取下离合器的固定螺栓。用专用工具(10—201)将飞轮固定,交替逐渐拧松离合器压盘定位螺栓。 注意:如果离合器壳上有平衡块,必须在压盘与飞轮上做标记,防止飞轮旋转时摆动 	(4)取下压盘总成及从动盘 

4. 离合器的检查

(1)从动盘的检查。

从动盘的检查见表8-6。

表8-6 从动盘的检查

(1)检查离合器从动盘总成摩擦面的表面状态。对于已烧坏或光滑(像玻璃表面)的衬片使用120～200号的砂纸研磨就能修补。烧毁严重不能修理的,就要更换整个摩擦片总成 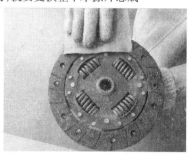	(2)测量摩擦片面片的磨损量。测量每个铆钉头的凹陷,即铆钉头部和面片表面的距离(标准为1.2mm),以检查面片的磨损。任何一个铆钉头的凹陷小于0.5mm,就必须更换摩擦片 
(3)将摩擦片前后转动着装入变速器输入轴,以检查摩擦片与花键的啮合间隙。如果间隙大于0.5mm,离合器每次啮合就会发出碰撞声,并且影响离合器顺利啮合,此时必须更换摩擦片 	

(2)压盘膜片弹簧的检查。

压盘膜片弹簧的检查见表8-7。

表8-7 压盘膜片弹簧的检查

(1)检查压盘膜片弹簧铆钉有无松动的迹象。如铆钉已松或将要松动,就应该更换压盘。因为踩下离合器踏板时,压盘会发出咔嗒的声音 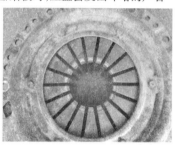	(2)检查圆锥指尖端(分离轴承推压圆锥指使离合器啮合)是否已磨损。如尖端已磨损很厉害时,就必须更换压盘 

(3)分离轴承的检查。

分离轴承的检查见表8-8。

分离轴承的检查　　　　　　　　　　　　　　　　　　表8-8

(1)检查分离轴承是否转动灵活。检查其是否转动灵活,如果轴承卡住或阻力过大,必要时更换	(2)检查分离轴承轴向受力并转动。检查分离轴承在变速器导向轴上的轴向间隙是否够大

5. 零部件清洁

传动轴拆卸。

传动轴拆卸见表8-9。

传 动 轴 拆 卸　　　　　　　　　　　　　　　　　　表8-9

(1)清洁离合器盖、压板	(2)清洁分离轴承、从动片等

6. 离合器、变速器、传动轴的装复

(1)离合器装复。

离合器的装复见表8-10。

离 合 器 装 复　　　　　　　　　　　　　　　　　　表8-10

(1)装上从动盘。将从动盘内花键毂突出部分较长的一面面向变速器,安装从动盘总成。并用专用工具离合器导轴(PT-0100)将从动盘导正	(2)装上压盘组件。 注意:用专用工具飞轮锁紧装置(PT-0080)锁住飞轮,交替逐渐拧紧压盘定位螺栓。拧紧力矩为(25±2)N·m。 取下(PT-0100)从动片定位工具,此时离合器导轴应能轻松转动。 注意:如果离合器壳上有平衡块,要按标记上的相对位置进行安装

续上表

（3）装上分离叉轴、分离轴承座，将分离叉轴套压入变速器壳上。拧紧力矩为(12.5 ± 2.5) N·m。

注意：检查分离叉轴应能灵活转动，但不能左右移动

（4）将分离轴承、分离轴承卡簧安装到分离轴承座内上。

注意：在分离轴承导轴表面涂润滑脂，检查分离轴承能在导轴上灵活前后移动

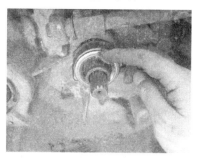

（2）变速器装复。

变速器的装复见表8-11。

变 速 器 装 复   表 8-11

（1）装上离合器隔板，将离合器上下隔板放到发动机与变速器安装面上。拧紧力矩为(22 ± 2) N·m

（2）装上变速器，将变速器总成举升到合适位置，把变速器对准安装到发动机上。

注意：用专用工具(PT-0100)将曲轴定位孔、从动盘对准同一轴线，以便顺利安装变速器

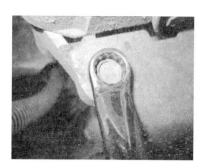

续上表

(3)装上变速器同发动机的连接螺栓和螺母。按规定力矩上紧,拧紧力矩为(55±5)N·m 	(4)拧紧发动机后横梁到车身螺栓连同发动机后横梁一起,把变速器总成举升到合适位置,拧紧发动机后横梁与车身连接螺栓。拧紧力矩为(85+8)N·M 
(5)从变速器下方取出托架	

(3)传动轴装复。

传动轴的装复见表8-12。

传 动 轴 装 复　　　　　　　　　　　表8-12

(1)拆下传动轴滑动叉和变速器输出轴的防护盖 	(2)将传动轴滑动叉插入变速器输出轴中 
(3)定位传动轴总成。 注:传动轴凸缘叉与后桥法兰的相当位置定位在拆卸时做的标记处 	(4)拧紧传动轴与后桥连接的螺栓及螺母。拧紧传动轴与后桥连接的4个螺栓及螺母,并紧固至45~60N·M 

7. 离合器外围附件装复、离合器操纵机构调整

(1) 变速器外围附件装复。

变速器外围附件的装复见表 8-13。

变速器外围附件装复 表 8-13

(1)装上曲轴位置传感器,拧紧曲轴位置传感器固定螺栓,接上曲轴位置传感器线束接头 	(2)接上倒车灯线束接头 
(3)接上起动机引线和电线 	(4)接上车速传感器线束 
(5)装上发动机与车身搭铁线 	(6)装上选挡软轴和换挡软轴。 注意:安装换挡软轴和选挡软轴的固定卡簧、弹性开口销必须紧固到位 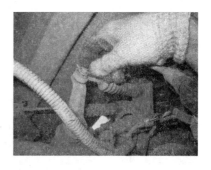

续上表

(7)装上离合器拉索。将离合器拉索安装到离合器拉索支架上,并用拉索支架上的卡子卡住离合器拉索。 注意:调整车辆在举升机的位置,将离合器拉索调整螺母调到合适位置,拧紧离合器拉索锁紧螺母 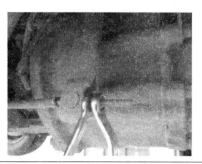	(8)在举升机上降下车辆,安装车轮挡块,并拉紧驻车制动器
(9)接上蓄电池负极电线。 注意:要先接正极,再接负极	(10)调整离合器间隙。 注意:将拉索调整螺母调到合适位置,拧紧拉索锁紧螺母。拧紧力矩为(16.5±2.5)N·m 
(11)检查踏板高度。检查离合器踏板的自由行程,要求自由行程为(7.5±2.5)mm 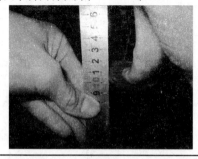	

(2)车辆、工位恢复。

①收拾车辆防护装置。维修作业前,先安装好三件套和翼子板布等防护装置。

②恢复举升臂。将举升臂恢复,并摆放整齐。

③收拾整理工位。按照7S管理要求,对车辆、工具、设备及工位进行恢复。

8.任务检验

检查安装是否到位,是否遗漏部件。起动发动机并挂挡试车,检查是否漏油,是否还存在异响声等。

五、任务评价

对本学习任务进行评价,学习任务评价表见表8-14,考核要求见表8-15。

学习任务评价表　　　　　　　　　　　　　　　　　　　　　　　　　表8-14

基本信息	学习任务		离合器检修				
	姓名		班级		学号		组别
	考核方式		分组进行,单人操作,小组成员与教师参与考评				
基本职业能力考评	考评项目	考评标准	教师和同学评判			分值	得分
社会能力 (30分)	教师考评	考勤	是否缺勤	是	否	6	
	自评、互评、教师评价	团队合作	是否和谐	是	否	4	
		沟通讨论	是否积极	是	否	4	
		设备安全	有无损坏	有	无	4	
		人身安全	有无损伤	有	无	4	
		生产纪律	是否守纪	是	否	4	
		现场7S	是否遵循	是	否	4	
方法能力 (30分)	自评、教师评价	任务工单	是否完整、正确	完整、正确	完整、基本正确	不正确	15
	教师评价	回答问题	是否正确	正确	基本正确	不正确	15
专业能力(40分)			教师评价				

考核要求　　　　　　　　　　　　　　　　　　　　　　　　　　　　表8-15

离合器拆装步骤评分标准

班级:_____　　　　学号:_____　　　　姓名:_____

项目	离合器拆装		时限	90min	满分得分	100	得分	
序号	操作步骤	操作内容	配分	评分标准			扣分	得分
1	操作前准备	清洁、整理工位和设备,检查工量具及材料	8	未做扣8分,缺少一件工具者扣1分				
2	车辆防护	(1)调整车辆位置	8	①未调整车辆位置扣8分,操作不规范扣1分; ②未挂空挡、拉驻车制动器扣1分				

续上表

序号	操作步骤	操作内容	配分	评分标准	扣分	得分
2	车辆防护	(2)安装车辆防护装置	5	①未安装三件套扣8分; ②未安装翼子板布扣2分; ③未垫车轮挡块扣8分		
		(3)正确举升车辆	2	①未顶到车身顶起位置扣1分; ②车辆举升时未放驻车制动器扣1分; ③未摇晃车辆检查车辆稳定情况扣1分		
3	变速器周围附件拆卸	(1)断开蓄电池	5	①未断开蓄电池扣5分; ②未按先断开负极,再断正极扣8分		
		(2)断开、拆卸各附件	5	断开各连接接头、卡销、卡扣损坏部件扣5分		
4	传动轴、变速器、离合器拆卸	(1)传动轴拆卸	10	①拆下传动轴时未做标记扣5分; ②未用堵盖堵塞变速器输出轴扣5分		
		(2)变速器拆卸	5	①顶举变速器位置不正确扣5分; ②未规范使用托举架进行操作扣8分		
		(3)离合器拆卸	10	①拆下分离轴承、卡簧、轴承座及分离叉操作不规范扣5分; ②未按顺序交替逐渐拧松离合器压盘定位螺栓扣5分		
5	离合器、变速器、传动轴装复	(1)离合器装复	10	①未使用专用工具安装从动片扣2分; ②装上分离轴承、卡簧、轴承座及分离叉操作不规范扣8分; ③未按顺序交替逐渐拧紧离合器压盘定位螺栓扣5分; ④未对分离轴承导轴表面润滑扣2分		

续上表

序号	操作步骤	操作内容	配分	评分标准	扣分	得分
5	离合器、变速器、传动轴装复	(2)变速器装复	5	①顶举变速器位置不正确扣8分；②未规范使用托举架进行操作扣2分；③未按技术要求拧紧螺母及螺栓力矩扣8分		
		(3)传动轴装复	10	①未按传动轴标记安装扣5分；②未按技术要求拧紧螺母及螺栓力矩扣5分		
6	变速器周围附件安装	(1)连接、安装各附件	5	①安装各连接接头、卡销、卡扣未到位8扣分；②未按技术要求调整离合器踏板高度扣5分		
		(2)断开蓄电池	5	①未按先装负极，再装正极扣8分；②蓄电池电极紧固不到位，松动扣2分		
7	车辆恢复	(1)下降车辆	2	①未挂空挡、拉驻车制动器扣1分；②未安装车轮垫块扣1分；③未恢复举升机扣1分		
		(2)恢复车辆防护装置	8	①恢复装三件套扣1分；②恢复装翼子板布扣1分；③恢复垫车轮挡块扣1分		
8	正确使用工具	工具使用	5	①工具使用不当扣2分；②工具、零件落地一次扣1分		
9	安全文明操作	(1)工装整洁	2	工装不整洁扣1分		
		(2)操作完毕，清洁和整理工量具及工位	5	①未清洁和整理扣8分；②出工伤事故扣5分；严重者计0分		
时间记录：						

六、学习拓展

离合器常见故障的排除方法
(1)离合器打滑故障的排除方法，见表8-16。

学习项目 8　离合器检修

离合器打滑故障的排除方法　　　　　　　　　　　　　　　表 8-16

故　障　现　象		
(1)起步时,虽然已经抬起了离合器踏板,但是车辆不能起步或起步迟缓; (2)行驶中,车辆急加速不良; (3)上坡时,车辆动力不足,离合器打滑甚至发出烧焦气味		
序号	故　障　原　因	故　障　排　除　方　法
1	离合器操纵机构调整不当;离合器踏板没有自由行程;分离轴承与分离指之间没有间隙;膜片弹簧指端没有压缩变形,使压盘不能压紧从动盘	调整离合器操作机构,使离合器踏板的自由行程和踏板的总行程达到标准
2	离合器从动盘摩擦片不平、磨损、烧损、沾有油污,铆钉外露	磨平摩擦片,清除表面油污或更换摩擦片
3	离合器踏板不能可靠回位	检查离合器踏板机构和操纵机构,调整初始间隙,使离合器能可靠地分离和接合
4	发动机飞轮、离合器压盘或从动盘变形,离合器盖与飞轮之间的固定螺栓松动	更换压盘总成或从动盘,重新紧固螺栓
5	膜片弹簧损坏、变形或弹力不足	更换压盘总成
6	离合器在超载下使用	确认车辆是否超载运行

(2)离合器分离不彻底故障的排除方法,见表 8-17

离合器分离不彻底故障的排除方法　　　　　　　　　　　　表 8-17

故　障　现　象		
(1)在汽车起步时,踏下离合器踏板,离合器分离不彻底,处于半分半合状态;挂挡困难;变速器齿轮有撞击声; (2)变速器挂挡困难,或不松离合器踏板汽车就起步或熄火		
序号	故　障　原　因	故　障　排　除　方　法
1	离合器操纵机构调整不当,离合器踏板自由行程过大,使离合器不能完全分离	重新调整操纵机构,使离合器彻底分离
2	液压操纵机构中空气或管路渗漏,主缸、工作缸密封不良	向液压操纵机构中加油液,排出空气;更换主缸或工作缸
3	操纵机构零件变形、磨损严重或损坏	更换损坏的零件
4	从动盘或压盘翘曲不平	更换从动盘
5	分离轴承超行程,使膜片弹簧和从动盘盘毂干涉	合理调整分离轴承行程

续上表

序号	故障原因	故障排除方法
6	变速器或飞轮导向轴承的磨损劣化,导致咬死或偏心	维修或更换变速器输入轴轴承或变速器输入轴
7	从动轴花键在花键轴上卡滞	磨光离合器从动盘不平的摩擦片表面或更换从动盘
8	从动盘花键与一轴花键严重磨损,间隙或跳动量过大	更换从动盘或变速器输入轴

(3)汽车起步时抖动故障的排除方法,见表8-18。

汽车起步时抖动故障的排除方法　　　　　表8-18

故 障 现 象	
在汽车起步时,驾驶人按正常操作平缓地松抬离合器踏板,但汽车不是平稳地起步加速,而是间断接通动力,轻微抖动,有进行振动感觉	

序号	故障原因	故障排除方法
1	膜片弹簧指端不在垂直于轴线的平面内	更换压盘总成
2	离合器盖总成与飞轮紧固力不均匀,造成离合器盖总成指端不平,使指端异常磨损	在安装离合器总成时,按对角线次序交叉拧紧紧固螺栓
3	摩擦片上有油污,从动盘翘曲不平,摩擦片铆钉外露或松动	更换从动盘
4	发动机飞轮、压盘、从动盘变形或表面不平,压紧时三者接触不良	更换压盘总成或从动盘
5	扭转减振器弹簧弹力不均或失去弹力	更换从动盘
6	飞轮在曲轴上的固定螺栓松动,变速器壳体在离合器壳体上的固定螺栓松动,汽车底板上的发动机支承松动	紧固飞轮固定螺栓,紧固变速器固定螺栓,固定发动机支承或更换新支承

(4)离合器异响故障的排除方法,见表8-19。

离合器异响故障的排除方法　　　　　表8-19

故 障 现 象	
在汽车行驶过程中,离合器发出异常响声,多为离合器零件严重磨损,造成配合件之间的撞击声;或某些零件脱落,卡滞在离合器中,发出不正常的声音	

序号	故障原因	故障排除方法
1	离合器分离轴承缺润滑油或损坏	添加润滑油或更换损坏的分离轴承

续上表

序号	故障原因	故障排除方法
2	从动盘铆钉或摩擦片铆钉松动;从动盘盘毂花键磨损严重,造成间隙过大	更换从动盘和压盘总成
3	一轴偏心使减振盘与盘毂之间的相对运动加剧,进而使减振窗口严重磨损,减振弹簧松动或脱落	更换劣化的引导轴承、轴瓦及其他零件
4	换挡时操作不当或离合器分离不彻底	正确操作,消除离合器分离不彻底的因素
5	因摩擦片故障而使离合器处于半接合状态	更换从动盘
6	膜片弹簧断裂或有分离指断裂	更换压盘总成
7	有螺钉等异物进入离合器中	清除离合器中的异物

学习项目 9 车轮制动器检修

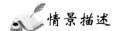情景描述

一辆柳州五菱小型货车进入维修厂,车主反映最近车辆载货的时候,有制动力不足、制动不良的情况,严重影响了汽车的正常使用。据车主描述车辆两个星期前刚进行了保养,经分析是由于制动器工作时间过长,制动器磨损导致。现需要维修技工根据维修手册相关要求,在规定时间内对制动器进行拆卸检查或更换,自检完成后交付班组长验收。

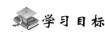学习目标

⭐ 知识目标

1. 知道车轮制动器的作用及工作原理;
2. 知道车轮制动器的零件;
3. 知道车轮制动器拆装工具和设备;
4. 能对工作任务的完成情况进行正确总结和评估,会根据其他车型的维修手册制定车轮制动器拆装的基本工作流程。

⭐ 技能目标

1. 能叙述车轮制动器的拆装顺序、技术要求以及注意事项;
2. 能根据实际情况,正确制定车轮制动器拆装、检修、更换零部件的基本工艺流程;
3. 操作过程中能遵守安全操作规范和7S现场管理要求。

学习内容

1. 车轮制动器工作原理及类型;
2. 车轮制动器功用;
3. 检查车轮制动器的工作情况;
4. 能够对车轮制动器进行拆装、检修及更换零件。

建议课时

8课时

学习任务　车轮制动器检修

学习过程

一、任务要求

车轮鼓式制动器项目主要学习内容
1. 鼓式制动器的拆装
2. 检修与更换
(1) 检查制动蹄片是否脱胶、偏磨,测量制动蹄片厚度是否符合规定;
(2) 检查制动鼓是否有裂纹、磨损是否正常;
(3) 检查复位弹簧的弹力是否满足规范要求、自由长度是否符合规范。
3. 调整制动间隙,就车试验

二、资料收集

1. 车轮制动器的定义及作用

车轮制动器是用以制动汽车两侧车轮的制动器,其作用是将液压压力或气压压力转变成机械制动力,将行驶中的车辆减速、维持一定车速或是停车。

2. 车轮制动器的结构类型

车轮制动器根据摩擦副中旋转元件结构形式的不同,可分为鼓式制动器和盘式制动器。

(1) 鼓式制动器,如图9-1所示。

鼓式制动器主要由固定部分、旋转部分、张开机构、定位调整机构四大部分组成,其主要有制动底板、制动鼓、制动蹄、制动分泵、复位弹簧、定位销等零部件。

①固定部分是制动底板和制动蹄。制动底板固装在车桥的凸缘盘上,通过支承销与制动蹄相连,制动蹄常用钢板冲压后焊接而成或由铸铁或轻合金浇铸,采用T型截面,以增大刚度,摩擦片采用粘接或铆接的方式固定于制动蹄上。

图9-1　鼓式制动器

②旋转部分为制动鼓,制动鼓通常为浇铸件,对于受力小的制动鼓也可用钢板冲压而成,制动鼓通过螺栓固定在车轮轮毂的凸缘上,随车轮旋转。

③张开机构的作用是对制动蹄施加外力使其向外张开,常用的促动装置有制动轮缸,制动轮缸通过螺钉固定在制动底板上。制动蹄腹板的上端嵌入在制动轮缸顶块的直槽中,它利用制动轮缸中的活塞在制动分泵内的位移来张开。

④调整机构用以保证和调整制动蹄与制动鼓的相对位置。调整的装置一般是装在

底板上的调整凸轮以及偏心支承销,或是带齿的调整螺钉。定位装置主要由限位杆和限位弹簧组成。

(2)盘式制动器,如图9-2所示。

盘式制动器又称为碟式制动器,主要由制动盘、制动轮缸、制动钳、摩擦片、油管等零部件组成。

3.车轮制动器的工作原理

(1)鼓式制动器的工作原理,如图9-3所示。

图9-2 盘式制动器

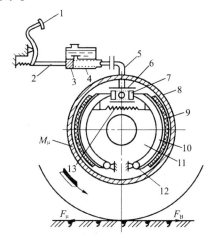

图9-3 鼓式制动器工作原理

1-制动踏板;2-推杆;3-活塞;4-制动主缸;5-油管;6-制动轮缸;7-制动轮缸顶块;8-制动鼓;9-摩擦片;10-制动蹄;11-制动底板;12-支承销;13-复位弹簧

①汽车在行驶中不需要制动时,制动踏板处于自由状态,制动主缸无制动液输出,制动蹄片在复位弹簧的作用下压靠在制动轮缸上,制动鼓的内圆柱面与摩擦片之间保持一定的间隙,制动鼓可以随车轮自由旋转。

②汽车制动时,驾驶员踩下制动踏板,推杆制动主缸内的活塞前移,建立制动压力,推动制动轮缸活塞向外移动,活塞推动制动蹄片克服复位弹簧的拉力,绕支承轴转动张开,消除制动鼓与制动蹄之间的间隙后,压紧在制动鼓内圆柱面上,产生制动摩擦力。

③解除制动时,驾驶员放松制动踏板,制动压力解除,在复位弹簧的拉力作用下,制动蹄复位,解除制动摩擦力。

(2)盘式制动器的工作原理。

①汽车在行驶中不需要制动时,制动踏板处于自由状态,制动主缸无制动液输出,制动盘与摩擦片之间保持一定的间隙,制动盘可以随车轮自由旋转。

②汽车制动时,驾驶员踩下制动踏板,制动主缸内的活塞前移,建立制动压力,推动活塞向外移动,活塞推动摩擦片压紧在制动盘上,产生制动摩擦力。

③解除制动时,驾驶员放松制动踏板,制动压力解除,活塞和摩擦片在复位弹簧和橡胶密封圈的弹力作用下复位,解除制动摩擦力。

三、任务准备

1. 所需的工量具及材料

设备：柳州五菱轻型货车；

工量具：尖嘴钳、一字螺丝刀、车轮拆卸专用扳手、棘轮扳手、套筒等；

材料：抹布、砂纸等。

2. 拆装流程分析

（1）拆卸顺序。

拆卸车轮→拆卸制动鼓→拆卸复位弹簧→拆卸定位销及前制动蹄片→拆卸定位销及后制动蹄片→拆卸制动器调整机构→拆卸驻车制动器拉索。

（2）安装程序。

安装驻车制动器拉索→安装制动器调整机构→安装定位销及后制动蹄片→安装定位销及前制动蹄片→安装复位弹簧→安装制动鼓→安装车轮。

四、任务实施

在进行车轮制动器拆装作业之前，根据维修手册的提示和说明并结合实车进行分析和探讨，制定正确合理的维修方案。在拆装过程中，严格按照维修手册的规范和要求进行操作，才能顺利完成维修作业，同时在维修过程中遵守7S原则。

根据五菱维修手册车轮制动器拆装步骤见表9-1。

车轮制动器拆装　　　　　　　　　表9-1

（1）维修前准备：检查车身，安装三件套，预松轮胎螺母，解除驻车制动，举升汽车	（2）拆卸轮胎

（3）安装顶拔螺栓，拆卸制动鼓	（4）拆卸复位弹簧

续上表

(5)拆卸定位销及前制动蹄片 	(6)拆卸定位销及后制动蹄片 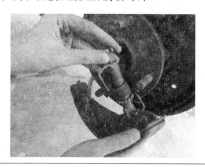
(7)拆卸驻车制动器拉索 	(8)鼓式制动器拆卸零件 
(9)用砂纸清洁制动蹄片 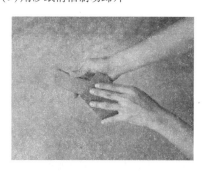	(10)用游标卡尺测量制动蹄的厚度,若不符合规定给予更换 
(11)用砂纸清洁制动鼓 	(12)检查制动鼓是否有裂纹,若有裂纹给予更换 

续上表

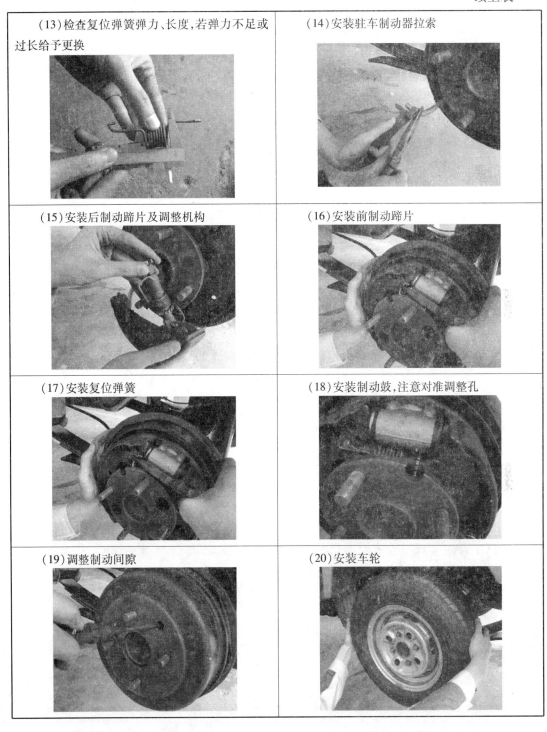

(13)检查复位弹簧弹力、长度,若弹力不足或过长给予更换	(14)安装驻车制动器拉索
(15)安装后制动蹄片及调整机构	(16)安装前制动蹄片
(17)安装复位弹簧	(18)安装制动鼓,注意对准调整孔
(19)调整制动间隙	(20)安装车轮

五、任务评价

对本学习任务进行评价,学生技能考核表见表9-2。

技能考核评价表　　　　　　　　　　　表 9-2

班级：　　　　　　　　组别：　　　　　　　姓名：

序号	考核内容	配分	评分标准	考核记录	扣分	得分
1	检查工具设备	2				
2	正确使用工具仪器	8	工具使用不当扣 10 分			
3	车轮制动器的拆卸	15	拆卸方法不正确酌情扣分			
		5	不做标记扣 5 分			
		5	摆放不整齐序扣 5 分			
4	车轮制动器零件检查	10	检查方法不正确酌情扣分			
			不做标记扣 5 分			
5	车轮制动器的安装	20	安装顺序错误酌情扣分			
6	车轮制动器零件清洁	5	漏清洁 1 处，扣 1 分			
		5	漏润滑 1 处，扣 1 分			
7	车轮制动器的调整	10	调整效果不好酌情扣分			
8	遵守安全规程，正确使用工量具，操作现场整洁	10	每项扣 2 分，扣完为止			
	安全用电，防火，无人身设备事故	5	因操作不当发生重大事故，此项按 0 分计			
	分数总计	100				

六、学习拓展

一辆大众汽车进厂维修，据驾驶员反映，汽车在高速行驶制动过程中，转向盘明显抖动，且汽车有跑偏现象。请根据驾驶员反映的情况对汽车进行基本诊断，若是汽车制动系统出现故障，请制定检查和维修方案。

学习项目 10 检查和更换前后轮轴承

情景描述

一辆柳州五菱轻型载货汽车送进修理厂,车主反映该车右前轮摆动严重而且产生异响,导致行驶时方向不稳。经初步检查后,确认需要对轮毂轴承进行拆卸检查,必要时进行更换。拆卸后发现,右前轮轮毂轴承因为缺油已经损坏,更换轴承后故障排除。

学习目标

知识目标

1. 知道前后轮轴承的功用;
2. 知道前后轮轴承的类型及选用方法;
3. 知道前后轮轴承的技术要求及常见故障现象;
4. 熟悉前后轮轴承拆装技术要求。

技能目标

1. 会使用前后轮轴承拆装工具,能做好拆装前后轮轴承的准备工作;
2. 能按维修手册要求规范拆装前后轮轴承;
3. 能检查判断前后轮轴承的好坏;
4. 能根据实际情况,正确制订检查更换前后轮轴承的基本工艺流程;
5. 操作过程中能遵守安全操作规范和7S现场管理要求。

学习内容

1. 前后轮轴承的功用及类型;
2. 检查前后轮轴承的工作状况;
3. 按技术要求就车完成检查、更换前后轮轴承。

建议课时

20 课时

学习任务 检查和更换前后轮轴承

学习过程

一、任务要求

首先使用举升机将车辆举升后,检查各车轮轴承的技术状况,确定轴承可能损坏时,然后拆卸轮胎、车轮制动器、车轮轴承、油封等,进一步检查轴承及油封的好坏,确定是否更换轴承,之后安装调整好各零部件,再检查是否已经排除故障,达到车辆技术要求。

二、资料收集

1. 前后车轮轴承的功用、分类

汽车前后轮轴承的功用是保证轴在壳体内平稳地转动或壳体围绕轴平稳地转动,为轮毂的转动提供精确引导,轴承承载汽车质量并承受来自车轮的旋转力和地面的冲击力,它既承受轴向载荷又承受径向载荷,它能降低车轮运转时的摩擦阻力,是一个非常重要的零部件。

轴承按其结构和游隙调整方式的不同,可分为非调整式轴承和调整式轴承两类。向心球轴承、向心圆柱滚子轴承、向心球面球轴承和向心球面滚子轴承等,属于非调整式轴承,此类轴承在制造时已按不同组级留出规定范围的径向游隙,可根据不同使用条件适当选用,安装时一般不再调整。圆锥滚子轴承、向心推力球轴承和推力轴承等,属于调整式轴承,此类轴承在安装及应用中必须根据使用情况对其轴向游隙进行调整。

柳州五菱、长安之星等轻型载货汽车、轻型客车前轮使用圆锥滚子轴承,后轮使用深沟球轴承,轴承、油封,如图10-1所示。

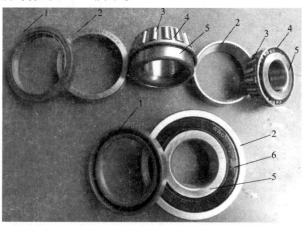

图10-1 柳州五菱轻型载货汽车 LZW1010PLNE3 前后轮使用的轴承、油封实物图

1-油封;2-轴承外座圈;3-圆锥滚动体;4-滚动体保持架;5-轴承内座圈;6-深沟球轴承的保持架、滚动体、润滑脂密封盖

2. 车轮轴承损坏的原因与危害

在车辆使用过程中,若摩擦、润滑不良,轮毂轴承松紧度调整不当,拆装不规范等,会导致车轮运转时轴承不能正确就位,轴承工作面与滚动体非正常滚动,加速轴承的磨损,产生车轮摆动和跳动现象,甚至发生车轮脱出的严重事故。如果轴承间隙过小,轴承中各部分摩擦力加大,轴承就会发热而加速轴承磨损以至损坏,给车辆行驶安全性、乘坐舒适性及车辆动力性、经济性带来严重影响。

3. 车轮轴承的技术要求与安装技术标准

(1) 车轮轴承的技术要求。

车轮轴承应能转动自如,无卡滞、无异响,否则应更换轴承。轮毂轴承的内外座圈、滚动体、保持架等,如果有裂纹、变形、表面变色、烧蚀、麻斑、麻点、表面疲劳剥落和轴承滚动体松散等现象,则应更换轴承。轴承的轴向间隙与径向间隙均应符合相关标准,检查轴承内径与轴颈的配合情况,配合间隙应不大于0.10mm。测量轴颈时,应在垂直地面的上下两个部位(该处为最大的磨损部位)测量,如果配合间隙超过规定的使用限度,应更换轴承,使之恢复正常的配合间隙,不允许在轴颈上打毛刺、麻点来缩小间隙。

滚动轴承的游隙有两种:一种是径向游隙,即当一个套圈(也称为座圈)固定,另一个套圈在径向上的最大活动量;另一种是轴向游隙,即当一个套圈固定,另一个套圈在轴向上的最大活动量。滚动轴承游隙的功用是保证滚动体的正常运转、润滑以及补偿热膨胀。

(2) 车轮轴承的安装技术标准。

① 通常在检查轮毂轴承时,应附带检查车轮制动装置,如果轮胎内侧有油迹,很可能是制动分泵或制动油管漏油所引起的,应及时查明原因,予以排除。

② 安装轴承应该在干净整洁的环境中,细小的微粒进入轴承也会缩短轴承的使用寿命。更换轴承时保持清洁的环境是非常重要的,不允许用铁锤敲击轴承,应使用专用压具或拉马拆装,注意轴承不要掉在地上(或者是类似的不当处理),安装前也应对轴和轴承座的状况进行检查,即使是微小的磨损也会导致配合不良,从而引起轴承的早期失效。

③ 装有ABS(车轮防抱死制动系统)磁性推力环的轮毂轴承,为了确定推力环装在哪一边,可以用一个轻小的铁片靠近轴承的边缘,轴承产生的磁力就会吸引住它,安装时将带磁性推力环的一边指向里面,正对ABS的敏感元件。注意不正确的安装可能导致制动系统的功能失效。

④ 装有ABS装置的车轮轴承的密封圈内有一个磁性推力环,这种推力环不能受到碰撞、冲击或者与其他的磁场相碰撞,在安装前从包装盒中取出,让它们远离磁场,如使用的电动机或电动工具等。

⑤ 对轮毂轴承单元,不要企图拆开轮毂轴承或调整轮毂单元的密封圈,否则会使密封圈受损导致水或灰尘的进入,甚至密封圈和内圈的滚道都受到损坏,造成轴承的永久失效。

⑥待所有零件都符合要求后,将轴承涂抹润滑脂后放入轮毂中,向轴承内腔涂抹润滑脂时,应注意将润滑脂挤进轴承内直至润滑脂从轴承的另一侧冒出来为止,在轮毂腔内和轴头盖内涂抹薄薄一层润滑脂,使之起到防锈的作用。注意轮毂腔内的润滑脂不要涂抹得太多,否则会影响散热和制动。

⑦安装锁紧螺母时,由于轴承类型和轴承座的不同,转矩的大小差别很大,注意参照有关说明,将轮毂及外轴承装回到轴颈上,先用手将轴头调整螺母拧上,然后用轴头扳手按规定力矩拧紧调整螺母。拧紧螺母后,应左右转动轮毂几圈,看看轴承安装情况。另一方面,通过转动使轴承与座圈正确配合,此时轴承应松紧度适当,车轮能自由转动且感觉不出轴向的旷动间隙。

(3)汽车轮毂轴承松紧度的检查与调整。

①检查轮毂轴承松紧度时,汽车变速杆应放于空挡位置,松开驻车制动操纵杆,将汽车举升至适当高度并可靠锁止。

②用手正反转动受检的车轮数圈,看看转动是否平稳灵活,如果转动阻力大,转动不灵活,则应将轮毂轴承调整螺母调松些(逆时针拧松调整螺母);如果用双手握住轮胎的上下侧,双手来回扳动轮胎,重复几次,有明显松旷的感觉,则应将轮毂轴承调整螺母调紧些(顺时针拧紧调整螺母),调整后应保证车轮可以灵活转动,又没有摆动现象。

③最后依次安装锁片、固定螺母、轮胎、防尘罩和装饰盖等零件。

④轮毂轴承调整好后,行驶一段里程(10km 左右),停车检查,用手试摸轮毂的温度,如果发热,为轴承调整过紧所致,应重新调整,适当放松轴承紧度。

三、任务准备

1. 所需的工量具及材料

设备:柳州五菱轻型载货汽车 LZW1010PLNE3 车 2 辆、举升机工位、零件车、工具车、工作台、写字台等;

工量具:12-14 梅花扳手、13-16 梅花扳手、快速扳手、短接杆、扭力扳手、十字形轮胎扳手,13mm、14mm、16mm、21mm、24mm 套筒,鲤鱼钳、一字旋具、铁锤、铁錾、长撬棒、顶拔螺栓、手持式砂轮切割机、角磨机、台虎钳、压力机等;

材料:前轮外轴承型号为单列圆锥滚子轴承 30204(7204E),前轮内轴承型号为单列圆锥滚子轴承 30205×2(567205E),前轮油封型号为 42×53×7.5,后轮轴承型号为深沟球轴承 6306-2RS,紧固套 GY-ZC,半轴油封型号为 42×56×9,锂基润滑脂,开口销、抹布、手套、方木块、三角木等、翼子板护裙、座椅套、转向盘套、脚垫、变速杆套等。

2. 拆装流程分析

(1)检查确认车轮轴承故障。

(2)拆卸前轮轴承顺序:拆卸前车轮→拆卸制动钳、摩擦片→拆卸防尘盖、开口销、轮毂轴承锁紧螺母,取下止推垫片、轮毂外轴承→拆卸制动盘与轮毂→拆卸轮毂内油封、轮毂内轴承的滚动体与保持架、轮毂内轴承的外座圈、轮毂外轴承的外座圈。

（3）拆卸后轮轴承顺序：拆卸后车轮→拆卸制动鼓→拆卸制动蹄、摩擦片→拆卸制动底板→拆卸后轮半轴与油封→拆卸后轮轴承与紧固套。

（4）安装程序：按拆卸前后轮轴承的相反顺序安装前后轮轴承，安装后，检验故障是否已排除，如无异常，安装合格。

四、任务实施

下面以更换柳州五菱轻型载货汽车右前轮与右后轮轴承的具体操作步骤作详细说明。用举升机将汽车举升至适当高度并可靠锁止，检查各个车轮，车轮应可以灵活转动（此时变速器操纵杆位于空挡位置，松开驻车制动操纵杆），上下用手推拉轮胎应没有明显间隙，检查行车制动装置与驻车制动装置应符合要求。如果不合格，则需要拆检前后轮轴承。

1. 检查更换前轮轴承

检查更换前轮轴承见表10-1。

检查更换前轮轴承操作步骤 表10-1

（1）车辆进入工位前，将工位卫生清理干净，排除障碍物，准备好相关的工具、物品等	（2）检查确认车轮轴承故障现象

（3）甲、乙同学协同拆下四只轮胎紧固螺母，将轮胎取下放在轮胎架上，并将气门嘴朝上放在地面上	（4）乙同学使用13－16mm梅花扳手拆下制动钳的两根固定螺栓并将前轮制动钳（含制动轮缸）及内、外摩擦片取下
	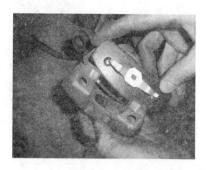

续上表

(5)将制动轮缸用S形铁丝钩住后可靠悬挂于螺旋弹簧或车身的适当位置,并将摩擦片摆放到零件车上 	(6)使用一字形螺丝刀拆下防尘盖 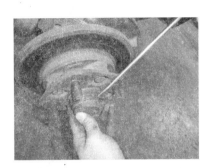
(7)用鲤鱼钳拆下开口销 	(8)用16mm套筒、短接杆、扭力扳手、长撬棒、抹布,甲、乙同学协同预松轮毂与制动盘的4根紧固螺栓 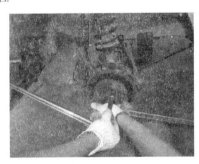
(9)用24mm套筒、短接杆、扭力扳手拆下轮毂轴承锁紧螺母,取下止推垫片、轮毂外轴承 	(10)在工作台上将轮毂与制动盘的4根紧固螺栓拆下,取出4根紧固螺栓和4只弹簧垫圈,并取下制动盘与轮毂,摆放整齐 

续上表

(11)用台虎钳固定轮毂后,使用铁锤、铁錾对准三个缺口位置,小心均匀地用力,依次可打出轮毂内油封、轮毂内轴承的滚动体与保持架、轮毂内轴承的外座圈;并用两根木条置于台虎钳两侧钳口处,以防止夹坏轮毂上4根安装轮胎的螺栓,将轮毂反向用台虎钳固定后(轮胎螺栓杆身朝下),使用铁锤、铁錾对准三个缺口位置小心均匀地用力可打出轮毂外轴承的外座圈 	(12)拆下右前轮的内、外轴承和油封;清洁轮毂外表及内孔、轴承等零件,并检查轮毂是否有裂纹、变形、烧蚀、麻斑、麻坑、表面剥落,油封是否老化等磨损,若轴承有明显松旷应更换新品 
(13)用清洁剂洗去新轴承的防锈油,不允许有杂质沾染轴承,且油封不能用汽油洗,需用干净的抹布清洁,用锂基润滑脂均匀涂在前轮外轴承的外座圈的外表面和轮毂内孔中的安装位置 	(14)使用压力机,将轮毂的内端朝上平放在工作台上,将轮毂内轴承的外座圈平放到座孔上(座圈的大直径口部朝上),然后使用铜锤周向敲击轴承外圈上边沿;选择合适的压具将轴承和压力机的压头连接起来;扶稳轮毂,操纵压力机,将轴承外座圈缓缓均匀压入承孔中。 注意:应压装到位,严禁用铁锤直接敲打轴承 
(15)用同样的方法,使用压力机安装轮毂外轴承的外座圈;在轮毂内轴承的保持架和滚动体之间涂满锂基润滑脂后将其平放在与外座圈接触处	(16)在前轮轴承油封外圆上涂一薄层锂基润滑脂后将其平放在轮毂内轴承上(油封平的一面朝上),用木块平垫在油封上,平衡均匀用力锤击木块,一直到油封座圈全部进入座孔安装到位。严禁用铁锤直接敲打油封(也可用压力机压入)

续上表

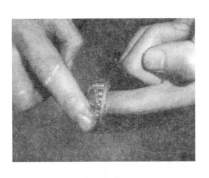 (17)装上4根紧固螺栓和4只弹簧垫圈,使用16mm套筒、短接杆、棘轮扳手将轮毂与制动盘的4根紧固螺栓预紧。 注意:各零件的安装方向 	 (18)将轮毂与制动盘装到右前轴上,轮胎螺栓朝外,用锂基润滑脂均匀涂满在前轮外轴承的保持架和滚动体之间,装上前轮外轴承 
(19)安装轴承推力垫片 	(20)先用手将轮毂轴承锁紧螺母对准螺纹平顺地拧进,然后用24mm套筒、短接杆、扭力扳手拧紧轮毂轴承锁紧螺母至约230N·m,再将螺母反退少许至螺母上的某一个开槽方向与前轴上安装开口销的销孔方向一致,以便于安装开口销;用两手正反转动轮毂应能够灵活转动,两手合力向里外推拉轮毂应该没有明显的间隙感,这样就调好了轮毂轴承的松紧度 

续上表

(21) 使用鲤鱼钳装上新的开口销 	(22) 用16mm套筒、短接杆、扭力扳手、长撬棒、抹布,甲、乙同学协同按规定力矩拧紧轮毂与制动盘的4根紧固螺栓 
(23) 将制动钳从S形铁钩上取下,把内外两块摩擦片安装到相应的位置 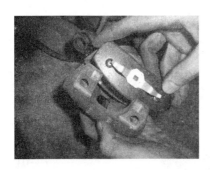	(24) 将制动钳连同摩擦片一起装到制动盘上,让摩擦片有摩擦材料的一面分别贴近制动盘的两个端面 
(25) 使用13-16梅花扳手拧紧制动钳的两根固定螺栓;两手转动轮毂应能灵活转动,如有很轻微的刮碰也可使用 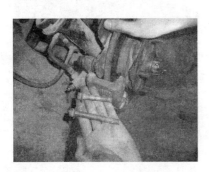	(26) 把防尘罩对准安装位置后用手平衡拍打到位 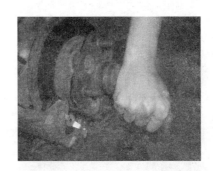

(27)两手协力安装轮胎 	(28)乙同学使用轮胎十字形扳手按照对角多遍的要求预紧4只轮胎螺母,如果轮胎螺母定位不准确,可以用手扳动轮胎予以调整 
(29)紧固轮胎固定螺母,按照对角多遍的要求拧紧,力矩为88~108N·m 	

2. 检查更换后轮轴承

检查更换后轮轴承见表10-2。

检查更换后轮轴承操作步骤　　　　　　表10-2

(1)拆卸右后车轮轮胎后,甲同学放松驻车制动器手柄,乙同学两手转动制动鼓应能灵活转动,如果不能转动,应按调整制动间隙的方法调整至制动鼓可以灵活转动;使用两根顶拔螺栓同时平衡地拧进制动鼓外面的两个对称的小螺孔中,慢慢地顶出制动鼓并取下 	(2)使用鲤鱼钳拉出或用一字螺丝刀撬出制动轮缸下方的拉紧弹簧,将其钩在右制动蹄上的一端 

续上表

(3)拆下右制动蹄的限位杆、限位弹簧、限位弹簧座;取下右制动蹄,将两蹄下端的一根小拉紧弹簧自动放松后一并取下 	(4)用同样的方法拆下左制动蹄的限位杆、限位弹簧、限位弹簧座;取出推杆调整器总成 
(5)两手协同压缩驻车制动器拉线头部的弹簧,将左制动蹄上的驻车制动器杠杆与拉线分离并取下左制动蹄 	(6)将拆下的各零件摆好在零件车上以便于组装 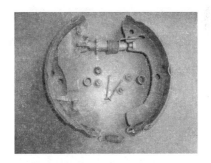
(7)转动轮毂(此处的轮毂其实就是半轴外端的突缘盘),使轮毂上较大的圆孔对准制动底板固定螺栓上的螺母,使用16mm套筒和短接杆、扭力扳手对角分次拧松4根制动底板的固定螺栓,然后快速用扳手拧出,当固定螺栓跟着转动时,应用12-14mm梅花扳手在制动底板外面固定该螺栓的头部;取出螺母、螺栓和垫片 	(8)使用专用工具(滑锤)拆下半轴,观察并调整半轴轴承(此处也可称为轮毂轴承),使它与制动底板及其外面的突缘板中间圆孔的位置对正,方可拉出半轴 

续上表

(9)通常用手持式砂轮机小心地切割轴承旁边的紧固套和轴承,千万不要损伤到半轴,待砂轮片接近半轴时停止切割,改用铁锤、铁錾将紧固套和轴承破坏性地从半轴上打出 	(10)也可使用砂轮机磨削破坏紧固套后使其裂开,再用压力机将它们压出;对于许多车型可直接采用压力机将轴承压出 
(11)清洁检查所有零部件,更换不合格的零部件,参照车轮制动器检修的内容,更换轴承时更换紧固套 	(12)用干净的抹布擦去新轴承外表的防锈油,用细小的钢丝钩开轴承两端的塑料密封盖,检查内部是否加足润滑脂,如果没有或不足,应加足锂基润滑脂,不允许有杂质沾染轴承,然后盖好密封盖,油封不能用汽油洗,用干净的抹布清洁;用锂基润滑脂均匀涂在后轮轴承的外座圈的外表面和内孔中,清洁半轴,润滑半轴上安装轴承和紧固套的位置 
(13)通常更换轴承时需要更换半轴油封	(14)先将轴承平稳地套入半轴接近凸缘盘一端,调整安放半轴的平台至合适的高度,然后将半轴花键端朝下,让轴承平放在两块靠近的钢块上,调整半轴凸缘盘位置使它对准压头,操纵液压千斤顶,均匀缓慢向下对半轴凸缘盘一端施压,将轴承压入到位后停止,用同样的方法将紧固套压到靠近轴承处,严禁用铁锤直接敲打轴承

续上表

(15)更换半轴油封后将装好轴承和紧固套的半轴平衡地正对安装到半轴套管中,注意对准有关孔洞的位置,如果装入困难,可用木块慢慢敲打 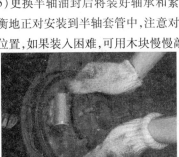	(16)安装制动底板固定螺栓 
(17)两手协同压缩驻车制动器拉线头部的弹簧,将左制动蹄上的驻车制动器杠杆与拉线连接 	(18)正确组装推杆、调整器(此时调至最短的长度,以便于安装制动鼓)、拉紧弹簧,再安装左制动蹄的限位杆、限位弹簧、限位弹簧座 
(19)安装右制动蹄的限位杆、限位弹簧、限位弹簧座 	(20)调整两制动蹄、推杆、拉紧弹簧至正确的位置 

续上表

(21)使用一字螺丝刀将拉紧弹簧的右端钩由外向内撬进右制动蹄的安装孔中,也可以用鲤鱼钳拉住弹簧的右端钩进孔中 	(22)使用鲤鱼钳拉住两制动蹄下端小拉紧弹簧的右端钩进右制动蹄的安装孔中 
(23)调整两制动蹄、推杆、拉紧弹簧、驻车制动器杠杆与拉线至正确的位置,用砂布打磨摩擦片表面 	(24)安装制动鼓,必须使制动鼓上的制动间隙调整窗孔对准半轴凸缘盘边缘上的半圆孔,此时制动鼓应能灵活转动 
(25)安装好右后车轮轮胎,检查车轮转动情况和轴承间隙是否正常,检查调整制动系统 	(26)整理工位,学生甲、乙共同拆除护裙、驾驶室内三件套;擦拭摆放工具和量具等;处理废弃物,恢复车辆和举升机至正常状况,清洁地面卫生等;作业项目完成后,要搞好工位的清扫、整理工作,培养良好的工作习惯 

3. 任务检验

安装完毕后,查看是否遗漏零部件。用举升机将汽车举升至适当高度并可靠锁止,检查安装车轮后,车轮应可以灵活转动,上下用手推拉轮胎应没有明显间隙,检查行车制动装置与驻车制动装置应符合要求。如果不合格,应排除故障后车辆方可使用。

清洁工具、场地。

五、任务评价

对本学习任务进行评价,学生技能考核表见表10-3。

技能考核评价表　　　　　　　表10-3

班级:　　　　　　　组别:　　　　　　　姓名:

序号	考核内容	配分	评分标准	考核记录	扣分	得分
1	作业前清洁工位、准备工量具、安装汽车座椅套等保护罩	4	酌情扣分			
2	举升机的使用	6	操作不当一次扣2分			
3	拧松或紧固轮胎固定螺母	5	拆装方法不正确扣5分			
			拆装顺序不正确扣5分			
4	拆装车轮	5	操作不当扣5分			
5	拆装前轮制动轮缸和制动蹄	5	操作不当扣5分			
6	拆装前轮制动盘、轮毂	10	操作不当一次扣3分			
7	拆装检查前轮轴承、油封	20	检查操作不当一次扣3分			
8	拆装后轮制动鼓和制动蹄	5	操作不当扣5分			
9	拆装检查后轮制动底板、半轴	10	检查操作不当一次扣4分			
10	拆装检查后轮轴承、紧固套	20	检查操作不当一次扣4分			
11	遵守安全规程,正确使用工量具,操作现场整洁	10	每项错误扣2分,扣完为止			
	安全用电、防火,无人身设备事故		因操作不当发生重大事故,此项按0分计			
	分数总计	100				

六、学习拓展

1.轿车轮毂单元

过去,轿车的轮毂轴承用得最多的是成对使用单列圆锥滚子轴承或球轴承。随着技术的发展,轿车已经广泛地使用轿车轮毂单元。轮毂轴承单元的使用范围和使用量日益增长,如今已经发展超过了三代:第一代是由双列角接触轴承组成;第二代在外滚道上有一个用于将轴承固定的突缘,可简单地将轴承套到轮轴上用螺母固定,使汽车的维修变得容易;第三代轮毂轴承单元是采用了轴承单元和防抱死制动系统 ABS 相配合。轮毂单元设计成有内凸缘和外凸缘,内凸缘用螺栓固定在驱动轴上,外凸缘将整个轴承安装在一起。严重磨损或损坏的轮毂轴承或轮毂单元会使车辆在行驶的途中,产生极大的安全隐患。

2. 轮毂轴承的使用和安装中应注意的事项

(1)为了最大限度地确保安全和可靠性,建议您不管车龄多长都要经常检查轮毂轴承。注意轴承是否有磨损的早期预警信号包括任何转动时的摩擦噪音、异响或悬挂组合轮在转弯时不正常的减速。对后轮驱动的车辆建议在车辆行驶到约38000km时,应对轮毂轴承进行润滑。当更换制动系统时,检查轴承并更换油封。

(2)如听到轮毂轴承部位发出杂音,首先要找到杂音发生的位置。有许多可能产生杂音的运动部件,也可能是一些转动件与不转动件发生了接触。如果确认是轴承中的噪音,轴承可能已损坏,需要更换。

(3)因为前轮毂导致两侧轴承失效的工作条件相似,所以即使只坏了一个轴承,也建议成对更换。

(4)轮毂轴承在任何情况下都需要采用正确的方法和合适的工具拆装。在储运和安装的过程中,轴承的部件不能损坏。一些轴承需要较大的压力压入,所以需要专用工具,一定要参照汽车维修手册。

(5)许多轴承是密封的,这类轴承在整个寿命期是不需要加润滑脂的。其他不密封的轴承,比如在安装双列圆锥滚子轴承时,必须加润滑脂润滑。由于轴承的内腔大小不同,所以很难确定加多少润滑脂,最重要的是保证轴承中有润滑脂,如果润滑脂过多,当轴承转动时,多余的润滑脂就会渗出。一般经验为在安装时,润滑脂的总量要占轴承间隙的60%左右。

(6)安装锁紧螺母时由于轴承类型和轴承座的不同,力矩的大小差别很大,按照汽车维修手册的要求拧紧。

3. 汽车上常见的轴承

汽车上常见的轴承见表10-4。

汽车上常见的轴承 表10-4

(1)某车型不带ABS防抱死装置的后轮毂轴承单元	(2)某车型带ABS防抱死装置的后轮毂轴承单元

续上表

(3)某车型前轮毂轴承 	(4)某车型不带轴承座的离合器分离轴承 
(5)某车型变速器中滚针轴承 	(6)某车型十字轴万向节用的滚针轴承 
(7)某车型带轴承座的离合器分离轴承 	(8)某车型转向器用的推力轴承 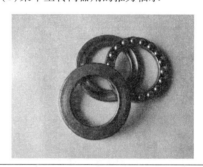
(9)某车型转向节主销处用的轴承 	(10)各类轴承 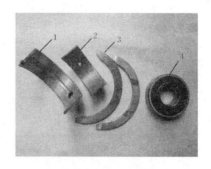 1-曲轴主轴承;2-连杆轴承;3-曲轴推力轴承;4-电机轴承

4. 轴承常见的损坏形式

轴承常见的损坏形式见表10-5。

轴承常见的损坏形式　　　　　　　　　　　表 10-5

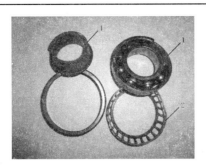

1-破损;2-变形

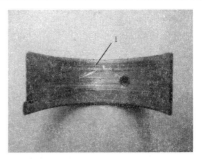

1-拉伤、表面损坏

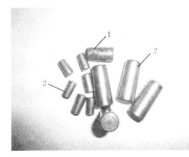

1-锈蚀;2-滚动体松脱

1-烧蚀、表面剥落、麻斑麻坑;2-划伤

学习项目 11　悬架下摆臂及其球头拆装

情景描述

一汽威志轿车送进修理厂,车主反映该车行驶时转向盘晃动,直线行驶车容易跑偏,还有高速的时候难掌握方向。经检查后发现,下摆臂轻微变形,需要对悬架下摆臂进行更换。

学习目标

知识目标

1. 了解悬架下摆臂及其球头的结构;
2. 熟悉悬架下摆臂及其球头的技术要求;
3. 知道下摆臂变形或球头松动对汽车操纵性能带来的影响。

技能目标

1. 能熟练完成拆装悬架下摆臂及其球头所用工量具及材料的准备工作;
2. 能熟练地根据对应车型的维修手册规范要求拆卸、放置悬架下摆臂及其球头;
3. 能熟练地完成悬架下摆臂及其球头的检查、清洗及润滑工作;
4. 能熟练地对悬架下摆臂及其球头和连接螺栓进行测量,并准确填写检测单据;
5. 能熟练地按照维修手册规范要求安装悬架下摆臂及其球头,并按规范上紧各连接螺栓;
6. 操作完毕后清洁工具,整理工位,养成良好的职业素养。

学习内容

1. 悬架下摆臂及其球头的结构特点及技术要求;
2. 悬架下摆臂及其球头的拆卸方法;
3. 悬架下摆臂及其球头常见故障诊断与排除;
4. 悬架下摆臂及其球头的安装方法。

建议课时

6课时

学习任务 悬架下摆臂及其球头拆装

一、任务要求

要求正确拆卸下摆臂,检查下摆臂是否有裂纹、是否变形,正确安装下摆臂。

二、资料收集

1. 悬架控制臂

悬架控制臂主要由下摆臂、衬套、球头等组成。控制臂作为汽车悬架系统的导向和传力元件,它将作用在车轮上的各种力传递给车身,使车轮与车身做上下位移运动,同时保证车轮按一定轨迹运动。

2. 球头节

球头节可与立体运动的部件结合,其短头的根部为球面,埋入树脂座,该球面部分即相当于一个圆滑的球面轴承,球头节可以自由地向前、后、左、右倾倒或旋转。球头节的连接刚性大,动作灵活,而且可自由旋转。

3. 衬套

悬架控制臂和连杆、拉杆的安装处一般都要使用衬套,其中橡胶衬套是最常用的。橡胶衬套是用橡胶将金属制的内筒和外筒烧固而成,被紧密地压入控制臂内。螺栓通过衬套中心而紧固,内筒固定于车身侧,外筒固定于控制臂侧。橡胶衬套不仅可向轴向运动,而且还可在轴倾倒的方向做微弱的运动。

4. 下摆臂变形或球头松动对车辆操纵性能的影响

下摆臂变形或球头松动对车辆操纵性能的影响,见表11-1。

下摆臂变形或球头松动对车辆操纵性能的影响 表11-1

影 响	故 障 原 因
转向沉重	各拉杆球头销配合处过紧或者润滑不良
行驶跑偏	(1)转向轮某一侧的前轮稳定杆下摆臂变形; (2)转向杆系松动或磨损
高速摆振	(1)各杆球头磨损; (2)转向杆系松动或磨损
轮胎偏磨	(1)转向轮某一侧的前轮稳定杆下摆臂变形; (2)转向杆系松动或磨损

5. 技术标准与技术要求

(1)球头底板固定螺栓、螺母力矩为35N·m。

(2)下摆臂与车身连接螺栓力矩为137N·m。
(3)车轮固定螺栓力矩为103N·m。

三、任务准备

1. 所需的工量具及材料

设备：威志轿车1辆；

工量具：数字式扭力扳手、十字套筒、套筒、短接杆、快速扳手、下摆臂球头销拆装钳、尖嘴钳、气枪及气管；

材料：抹布、黄油。

2. 拆装流程分析

(1)拆卸顺序。

拆卸前车轮→拆卸固定螺栓→拆卸球头销→拆卸下摆臂。

(2)安装程序。

安装下摆臂→安装球头销→安装固定螺栓并按技术要求上紧→安装车轮。

四、任务实施

1. 拆卸悬架下摆臂及球头

就车拆卸悬架下摆臂及球头的步骤见表11-2。

拆卸悬架下摆臂及球头步骤　　　　　　　　　表11-2

(1)将车停放在工位,拆卸汽车转向驱动车轮	(2)安全举升车辆,找到下摆臂的位置,拆下下摆臂的紧固螺栓(图中箭头所示

(3)用梅花扳手拧松球头螺母。注意不用拆下螺母	(4)利用球头拔卸器分离摆臂球头与孔座

续上表

(5)拆下下摆臂及其球头 	

2. 检查下摆臂及球头

(1)检查下摆臂是否有碰撞、敲击痕迹及变形现象,若有,则应更换下摆臂;

(2)检查橡胶衬套是否有偏磨、断裂及老化现象,若有,则应更换橡胶衬套;

(3)用手前后方向摆动球头销,检查是否有卡滞及阻力过大现象,若有,则应更换球头;

(4)一手握紧球头壳,一手上下方向推球头销,检查球头与球壳之间是否存在明显松旷,若有,则应更换球头;

(5)检查球头的橡胶防护罩是否有老化、破裂现象,若有,则应更换球头。

3. 安装下摆臂及球头

(1)安装下摆臂球头。

将下摆臂放置到操作台上,安装球头螺栓,旋紧球头底板固定螺母。

①安装球头前,要注意确认装配记号;

②螺栓紧固力矩为35N·m。

(2)安装下摆臂。

①将下摆臂内端两叉插入车身支架内,对齐螺栓孔后,将螺栓穿过支架和叉孔,用手旋上螺母;

②紧固螺栓,旋紧力矩为137N·m。为防止螺栓修饰以及便于旋入螺母,应在螺栓纹上涂抹适量的润滑脂或润滑油。

按照相同的操作要求,安装另一侧下摆臂及球头。

4. 安装前车轮

5. 整理工位

五、任务评价

对本学习任务进行评价,学生技能考核表见表11-3。

学习项目 11　悬架下摆臂及其球头拆装

技能考核评价表　　　　　　　　　　表 11-3

班级：　　　　　　　　组别：　　　　　　　姓名：

序号	考核内容	配分	评分标准	考核记录	扣分	得分
1	检查工具设备，做好前期准备工作	10	准备不齐全酌情扣分			
2	正确使用工具仪器	10	工具使用不当扣10分			
3	拆卸车轮	15	拆卸方法不正确酌情扣分			
4	拆卸固定螺栓	20	拆卸方法不正确酌情扣分			
5	拆下下摆臂球头销	20	拆卸方法不当酌情扣分			
6	遵守安全规程，正确使用工量具，操作现场整洁	15	每项扣2分，扣完为止			
	安全用电，防火，无人身设备事故	10	因操作不当发生重大事故，此项按0分计			
	分数总计	100				

学习项目 12 传动轴万向节的更换

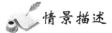 情景描述

一辆柳州五菱轻型载货汽车,进入修理厂,车主反映该车行驶过程中车底有响声,而且速度越快响声越大,并伴有转向盘发抖现象。经班组长检查后发现传动轴的工作异常,需要对传动轴进行拆卸检查,必要时进行更换。

 学习目标

⭐ 知识目标

1. 掌握万向传动装置的功用、组成和应用;
2. 熟悉传动轴万向节的功用、类型、构造及速度特性;
3. 熟悉后驱动汽车传动轴万向节常见失效形式及处理方法。

⭐ 技能目标

1. 会使用传动轴的拆装工具,知道拆装传动轴的材料准备;
2. 能按维修手册要求规范拆装传动轴;
3. 知道检查判断万向节、传动轴及其附件好坏的方法;
4. 操作过程中能遵守安全操作规范和7S现场管理要求。

 学习内容

1. 万向传动装置的功用、组成和应用;
2. 万向节的功用、类型、构造及速度特性;
3. 后驱动传动轴万向节常见失效形式及处理方法;
4. 按技术要求完成传动轴的就车更换。

📖 建议课时

8课时

学习任务　传动轴万向节的更换

学习过程

一、任务要求

该操作项目需要把传动轴从车上整体拆下,分解十字轴万向节;检查传动轴是否弯曲变形,轴管焊接组合件是否脱落,万向节叉、十字轴及滚针轴承是否磨损、变形;装复完后做动平衡实验。

二、资料收集

1. 万向传动装置的功用、类型及应用

万向传动装置能在轴间夹角和相对位置经常发生变化的转轴之间传递动力。汽车上常有的万向传动装置主要有普通万向传动装置和等速万向传动装置两种。

万向传动装置在汽车上主要应用于以下几个地方：

(1)变速器与驱动桥之间:一般汽车的变速器、离合器与发动机三者合为一体装在车架上,驱动桥通过悬架与车架相连,如图 12-1 所示。

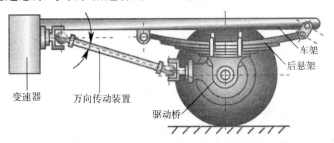

图 12-1　变速器与驱动桥之间的万向传动装置

(2)越野车变速器与分动器之间。

(3)汽车转向驱动桥的半轴是分段的,转向时两段半轴轴线相交且交角变化,因此需要万向节。

(4)断开式驱动桥的半轴:主减速器壳在车架上是固定的,桥壳上下摆动,半轴是分段的,须用万向节。

(5)某些汽车的转向轴装有万向传动装置,有利于转向机构的总体布置。

2. 万向节分类及功用

(1)刚性万向节:在扭转方向没有弹性、动力靠零件的铰链式连接传递。该万向节又分不等速万向节(图 12-2)、准等速万向节和等速万向节(图 12-3)三种。

(2)弹性万向节,又称挠性万向节,如图 12-4 所示,在扭转方向有一定弹性、动力靠弹性零件传递且有缓冲减振作用。

弹性万向节是依靠弹性件的弹性变形来保证两轴间传动时不发生机械干涉,一般用于两轴夹角不大于3°~5°或微量轴向位移的传动轴。

图 12-2　不等速万向节
（十字轴式）

图 12-3　等速万向节（球笼式）

3. 万向传动装置的结构

在发动机前置后轮驱动的传动系中,变速器与驱动桥之间采用万向传动装置来传递发动机动力,其结构一般由十字轴刚性万向节、传动轴和中间支承等组成,如图12-5 所示。

图 12-4　弹性万向节

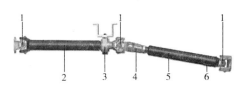

图 12-5　普通万向传动装置
1-万向节;2-中间传动轴;3-中间支承;4-伸缩节;5-后传动轴;6-平衡片

（1）十字轴刚性万向节。

十字轴刚性万向节的两万向节叉上的孔分别活套在十字轴的两对轴颈上,当主动轴转动时,从动轴既能随之转动,又可绕十字轴中心在任意方向摆动。在十字轴轴颈和万向节叉孔间装有由滚针和套筒组成的轴承,并用带锁片的螺钉和轴承盖使之轴向定位。为了润滑轴承,十字轴内钻有互相贯通的油道,油道与注油嘴及安全阀相通。

十字轴刚性万向节可以保证在轴间交角变化（一般为15°~20°）传动可靠,结构简单,并有较高的传动效率,其缺点是单个万向节在输入轴和输出轴不共线时,两轴的角速度不相等,使与其相连的各零件要承受因加速或减速所产生的附加载荷。

为了实现等速传动。可将两个万向节串联安装,即第一个万向节的从动叉与第二个万向节的主动叉用传动轴相连,并且传动轴两端的万向节叉在同平面内,输入轴和输出轴与传动轴的夹角相等,即 $a_1 = a_2$,这样就可使输出轴与输入轴的角速度相等。

（2）传动轴。

传动轴主要由轴、花键轴、滑动叉、中间支承和万向节叉等组成。

传动轴是一高速旋转的长轴,为了避免由于不平衡而引起的剧烈振动,除重型汽车外,传动轴一般不采用无缝钢管,而使用薄钢板卷焊而成。在与万向节装配后,还必须经过动平衡试验,并在滑动叉与传动轴上刻有带箭头的记号,装配时应使记号对准。另外,传动轴过长时,常将其分为两段并加中间支承。前段称为中间传动轴,后段称为主传动轴。

(3)中间支承。

①双节式传动轴的中间支承通常装在车架横梁上。

②中间支承常用弹性元件来满足上述要求,它主要由轴承、带油封的盖、支架、弹性元件等组成,中间支承是由支架和轴承等组成的。

③有的汽车采用摆动式中间支承,它可绕支承轴摆动,改善了发动机轴向窜动时轴承的受力状况。橡胶衬套能适应传动轴轴线在横向平面内少量的位移变化。

4. 万向传动装置常见故障及处理方法

万向传动装置常见故障主要有以下几个方面:

(1)传动轴异响。

传动轴异响的检查与操作见表12-1。

传动轴异响检查与操作　　　　　　　　　表12-1

检　查	操　作
十字轴磨损或损坏	更换十字轴
十字轴润滑不充分	润滑十字轴,必要时更换十字轴
滑动叉内花键齿损坏	更换传动轴总成
传动轴支承托架焊合件松动	紧固传动轴支承托架焊合件
传动轴与后桥连接松动	紧固传动轴与后桥连接
支承座支架焊合件与支承托架焊合件连接松动	紧固支承座支架焊合件与支承托架焊合件连接

(2)传动轴摆振。

传动轴摆振的检查与操作见表12-2。

传动轴摆振的检查与操作　　　　　　　　表12-2

检　查	操　作
传动轴失去平衡	更换传动轴
传动轴弯曲	更换传动轴
十字轴磨损或损坏	更换十字轴
传动轴支承托架焊合件松动	紧固传动轴支承托架焊合件
传动轴与后桥连接松动	紧固传动轴与后桥连接
支承座支架焊合件与支承托架焊合件连接松动	紧固支承座支架焊合件与支承托架焊合件连接
传动轴出现共振	更换传动轴

三、任务准备

1. 所需的工量具及材料

(1)设备:上汽通用五菱微型载货汽车一辆;

(2)工量具:13号、14号梅花扳手,工具车、铁锤、内卡簧钳;

(3)材料:抹布、润滑脂、滚针轴承。

2. 拆装流程分析

（1）拆卸顺序：拆卸万向传动装置→拆卸万向传动轴→拆卸十字轴万向节。

（2）安装程序：安装十字轴万向节→安装万向传动轴→万向传动装置。

四、任务实施

在进行传动轴万向节的更换拆装作业之前，应首先在车辆维修手册上找到"传动轴诊断信息和程序"这一章节，根据维修手册的提示和说明并结合实车进行分析和探讨，制定正确合理的维修方案。在拆装过程中，严格按照维修手册的规范和要求进行操作，才能保证顺利完成传动轴拆装的维修作业，同时在维修过程中遵守7S原则。

1. 工具设备准备

设备：柳州五菱微型汽车一辆。

工具及耗材：13-15开口扳手、13-15梅花扳手、卡环钳、锤子、铜棒、扭力扳手、零部件盆、工具盆、托油盘工具车（含常用工具）1台、零件车1台、五菱维修手册1套、抹布若干。

2. 拆卸传动轴万向节

拆卸传动轴万向节步骤见表12-3。

拆卸传动轴万向节步骤　　　　　　　　　　表12-3

（1）总成拆装。用举升机将汽车举升到规定高度，检查传动轴总成上的装配标记是否齐全，如标记不全或不清，则做一个标记 	（2）拧下与后桥联结的四个螺栓螺母，将传动轴后盖拆下 
（3）把花键轴从变速器输出轴上拔出，拆下传动轴总成 	（4）用卡环钳取出万向节耳孔内的弹性挡圈 

续上表

（5）从耳孔中将滚针轴承振出来	（6）取下凸缘叉
	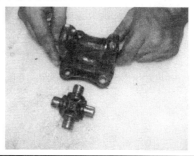

3. 万向传动装置主要零件的检验

（1）传动轴轴管弯曲的检验与校正。

将传动轴定位在台架上。在传动轴上选取3个点,用千分表分别测量3个点的圆跳动误差。圆跳动误差值应不大于0.5mm。如超过此值应校正并重新平衡,必要时更换传动轴总成。

（2）花键的检验。

将套管叉夹持在台钳上,按装配标记把花健轴装入套管叉,并使部分花键露在外面。转动花键轴,用百分表测量其圆跳动,其值不应大于0.30mm,否则应更换套管叉。

（3）轴承的检验。

检查中间支承的轴承,若其滚珠、滚道及外滚道出现烧蚀、裂纹、刻痕、金属剥落等现象,应更换;若轴承内滚道严重磨损,应更换轴承;空转轴承,其旋转应灵活,无噪声、停滞和卡住,不能过度松旷,否则,也应更换轴承。

（4）万向节叉、十字轴及轴承的检验。

①检查万向节叉,要求不得有裂纹,否则应更换。

②检查十字轴,其表面不得有裂纹、拉伤和凹陷,轴颈表面基本光洁,不允许出现疲劳剥落、磨损沟槽等,如果十字轴轴颈处存在轻微的金属剥落或者压痕,应对其进行修磨处理。若压痕深度超过0.1mm,则应予更换。

③检查十字轴轴承的松旷程度和间隙,检查时用手拉动感觉出轴向移动量,则应更换。

④检查轴承壳、滚针、轴承盖板及轴承油封等其他零件,如有破裂和严重磨损等情况,应更换。

（5）传动轴管焊接组合件。

传动轴管焊接组合件经修理后,轴管焊接组合件(包括滑动套)应重新进行动平衡试验。传动轴管焊接组合件的平衡可在轴管的两端加焊平衡片,每端最多不得多于3片。

4. 万向传动装置的装配

万向传动装置的装配步骤见表12-4。

万向传动装置的装配步骤　　　　表 12-4

(1) 清洁零件。零件应清洗干净,特别是十字轴的油道、轴颈和滚针轴承,用清洁的煤油清洗后,再用压缩空气吹干	(2) 把滚针轴承放入耳孔内并套在十字轴轴颈上,用铜棒、锤子轻敲滚针轴承外底面,使滚针轴承进入耳孔 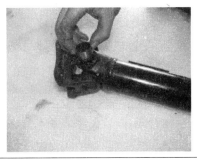
(3) 用卡环钳把弹性挡圈装入耳孔内的卡环槽里,或装上压板和螺栓并锁止 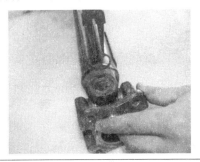	(4) 认真核对十字轴及万向节叉、十字轴及短传动轴和滑动叉及花键轴臂等的装配标记,按原标记装配。在安装滑动叉时,特别要保证传动轴两端万向节叉的轴承承孔轴线位于同一平面上,其位置误差应符合原厂规定
(5) 拆下将传动轴滑动叉和变速器输出轴堵塞住的堵盖。将传动轴滑动叉装入变速器输出轴中 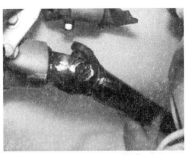	(6) 按装配记号,拧紧与后桥联结的连接螺栓和螺母,并按规定力矩紧固,紧固力矩为 45~60N·m 

5. 加注润滑脂

用滑脂枪加注汽车通用的润滑脂。加注时,既要充分又不过量,以从中间支承的气孔能看到有少量新润滑脂被挤出为宜。

五、任务评价

技能考核评价表见表 12-5。

技能考核评价表 表12-5

班级：　　　　　　组别：　　　　　　姓名：

序号	考核内容	配分	评分标准	考核记录	扣分	得分
1	检查工具设备	2	准备不齐全扣2分			
2	正确使用工具	8	工具使用不当扣10分			
3	做好标记，拆卸万向传动装置	20	拆卸方法不正确酌情扣分			
			不做标记扣10分			
			不按顺序拆卸扣5分			
4	分解十字轴万向节	15	拆卸方法不正确酌情扣分			
			不做标记扣5分			
5	万向传动装置主要零件的检验	20	检验方法错误酌情扣分			
			漏检1处，扣5分			
6	组装万向传动装置	20	组装顺序错误酌情扣分			
			每漏装1处，扣10分			
7	遵守安全规程，正确使用工量具，操作现场整洁	10	每项扣2分，扣完为止			
8	安全用电，防火，无人身设备事故	5	因操作不当发生重大事故，此项按0分计			
	分数总计	100				

六、学习拓展

1. 等速万向传动装置的结构

现代轿车越来越多地采用发动机前置前轮驱动的传动系布置形式，其前轮担负着转向和驱动的双重任务。普通万向传动装置不能满足其使用要求，因而采用由两个等速万向节和一根传动轴组成的等速万向传动装置，其作用是将差速器输出的动力传递给前驱动轮，它主要由三部分组成，即外等速万向节（固定）、内等速万向节（可伸缩）及传动轴。

(1) 球笼式万向节。

① 固定型球笼式万向节（RF节）。

该万向节是目前应用最为广泛的等速万向节，主要由球形壳、球笼（即保持架）、钢球及星形套等组成。其特点是该万向节工作时，六个钢球全部参加传力，磨损小，使用寿命长，承载能力强。允许两轴交角大（42°~47°），适应立悬架前轮的跳动。在传递转矩的过程中，主从动轴之间只能相对转动、不会产生轴向位移。

② 伸缩型球笼式万向节。

如图12-6所示，它的特点是在动力传递过程中，主从动轴之间不仅能相对转动，而且内环和外环可以沿轴向相对移动，可以使前轮跳动时轴向长度方向的变化得到补偿。因此采用这种万向节可以省去普通万向传动装置中的滑动花键。由于该等速万向节是通过钢球传递转矩的，所以在筒形壳轴向移动时为滚动摩擦，阻力较小。

此外，常见的可伸缩的等速万向节还有三枢轴球面滚轮式等速万向节，如图12-7所示。

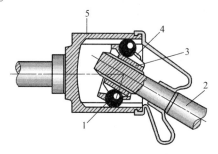

图12-6　伸缩型球笼式万向节

1-钢球；2-主动轴；3-星形套（内滚圈）；4-保持架（球笼）；5-筒形壳（外滚道）

图12-7　三枢轴球面滚轮式等速万向节

（2）球叉式万向节。

球叉式万向节结构如图12-8所示，其特点是五个钢球参与工作，钢球中心（即传力点）始终位于两轴交角的平分面内。它的结构较简单，在32°～33°下正常工作。但钢球所受单位压力较大，磨损较快，一般应用于轻、中型越野车的转向驱动桥。

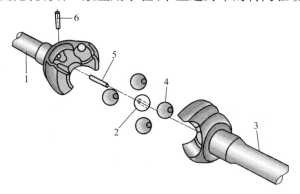

图12-8　球叉式万向节

1-从动叉；2-定心钢球；3-主动叉；4-传动钢球；5-定位销；6-锁止销

2. 传动轴

传动轴的两端均为花键，分别与外万向节及内万向节连接，构成了完整的带有万向节的传动轴总成。花键外表面镀塑，因此工作时无噪声。

等速万向传动装置具有结构紧凑、磨损小、允许两轴交角大等特点，因此在转向驱动桥中广泛采用，如桑塔纳2000系列轿车、上海别克、一汽奥迪、神龙富康等轿车的前桥均采用该形式。

学习项目 13 等速万向节及橡胶护套拆装

情景描述

一比亚迪 F3 轿车进入 4S 店维修,车主反映车辆在汽车起步时,车身发抖,并听到车底传来撞击声,在改变车速,尤其是在缓慢行驶时,响声更加明显。经维修组长的检查后发现半轴万向节工作异常,需要对万向节进行拆卸检查,必要时进行更换。

> 学习目标
>
> ★ 知识目标
>
> 1. 知道万向传动装置的组成及类型;
> 2. 知道等速万向节的功用及类型;
> 3. 知道伸缩套、橡胶护套的作用;
> 4. 知道万向节常见故障的排除方法。
>
> ★ 技能目标
>
> 1. 会准备等速万向节、橡胶护套拆装的工量具及材料;
> 2. 能按照技术标准和规范完成等速万向节、橡胶护套拆装的工作任务;
> 3. 能将遵守安全操作规范和 7S 现场管理要求贯彻到操作过程中。

学习内容

1. 了解任务要求,掌握等速万向节、橡胶护套功用、类型的相关知识;
2. 严格遵守 7S 现场管理规定;
3. 按技术标准和规范完成等速万向节、橡胶护套的就车更换。

建议课时

12 课时

学习任务　等速万向节及橡胶护套拆装

学习过程

一、任务要求

（1）本项目要将等速万向节、橡胶护套拆下来,检修传动轴。

（2）检查安装万向节是否到位,是否遗漏部件。将车辆举升在举升机上,起动发动机使车轮旋转(注意周围安全,防止旋转的车轮误伤他人)。大概10min后停止运转发动机,待车轮旋转停止后,检查驱动轴安装处和橡胶护套是否漏油,是否还存在异响声。

二、资料收集

汽车依据不同的传动系统配置,将万向传动装置分为传动轴与轮轴两种。

在前置发动机后轮驱动(FR)或是前置发动机四轮驱动车型之中,由于后轮需担负驱动的工作,因此必须将动力传递至后桥的差速器,进而将动力传输至后轮。这支穿过整个车体下方的长连杆,便是传动轴。

在前置发动机前轮驱动车型(FF)、后置发动机后轮驱动车型(RR)、中置发动机后轮驱动车型(MR),这三种传动方式的汽车上则没有装设传动轴,变速器与差速器的动力输出后,便直接连接轮轴。

1. 轮轴

轮轴亦称为"半轴"或"驱动轴",如图13-1所示。它是将动力从差速器传递到驱动轮的轴,其内端一般通过花键与半轴齿轮连接,外端与轮毂连接。

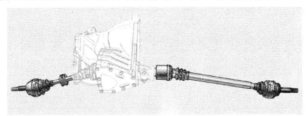

图13-1　半轴

2. 伸缩套

伸缩套如图13-2所示,它能自动调节变速器与驱动桥之间距离的变化。

3. 橡胶护套

橡胶护套如图13-3所示,用于防止污物、杂质进入万向节中。

4. 等速万向节

主、从动轴的角速度在两轴之间的夹角变动时仍然相等的万向节,称为等速万向节或等角速万向节。它们主要用于转向驱动桥、断开式驱动桥等的车轮传动装置中,主要

用于轿车中的动力传递。其主要类型见表13-1。

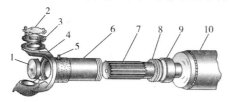

图13-2 伸缩套
1-盖子;2-盖板;3-盖垫;4-万向节叉;5-注脂嘴;6-伸缩套;
7-滑动花键槽;8-油封;9-油封盖;10-传动轴管

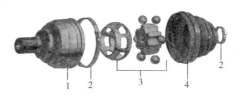

图13-3 橡胶护套
1-外座圈;2-卡箍;3-球笼;4-橡胶护套

等速万向节类型 表13-1

名称	图 片	说 明
双联式万向节	1、4-万向节叉;2-十字轴;3-油封;5-球头;6-双联叉;7-球碗;8-弹簧	双联式万向节和三销轴式万向节是根据双万向节实现等速传动的原理而设计出来的。两个十字轴式万向节相连,中间传动轴长度缩减至最小。其优点是允许有较大的轴间交角(30°~40°),轴承密封性好、效率高、制造工艺简单、加工方便及工作可靠等
三销轴式万向节	1-从动偏心轴叉;2、5-推力垫片;3、6-三销轴;4-主动偏心轴叉;7-密封罩;8-毛毡圈;9-衬套;10-轴承座;11-卡环	
球叉式万向节	1-锁定三角架;2-橡胶紧固件;3-外座圈;4-垫圈;5-止推块;6-漏斗形轴;7-保护罩卡箍;8-保护罩	由于球叉式万向节和球笼式万向节的特殊结构,使主动轴和从动轴在以任何角度相交的情况下,传动钢球中心都位于两圆的交点上,即所有传动钢球都位于角平分面上,因而保证了等速传动,所以它们又称为等速万向节

续上表

名称	图片	说明
球笼式万向节	1、5-钢带箍;2、8-外罩;3-钢球;4-主动轴;6、7-保持架(球笼);9-球形壳(外滚道)	球叉式等速万向节结构简单,允许最大交角为32°~33°。由于其在工作时只有两个钢球传递动力,钢球与曲面凹槽磨损较快,寿命较短。近年来球叉式等速万向节已被6个钢球传递动力、承载能力更强、具有更大交角(47°)的球笼式等速万向节代替。球笼式万向节分为两种类型,即固定型球笼式万向节(RF节,通常称为外球笼)和伸缩型球笼式万向节(VL节,通常称为内球笼)

三、任务准备

1. 所需的工具及材料

设备:比亚迪轿车、零件车、工具车;

材料:防护手套、专用润滑脂、一次性卡箍(铁线)、汽油、毛刷、洗件合、干净的抹布;

工量具:三件套、翼子板布、车轮挡块、世达成套组合工具、铜棒、撬棍;

专用工具:球头夹、卡箍钳。

2. 拆装流程分析

(1)拆卸程序。

拆卸轮胎→拆卸轮速传感器→拆卸驱动轴→检查驱动轴→拆卸驱动轴护套、等速万向节。

(2)安装程序。

安装驱动轴护套、等速万向节→安装驱动轴→安装轮速传感器→安装轮胎整螺栓。

四、任务实施

在进行离合器检修拆装作业之前,应首先在车辆维修手册上找到"传动轴、等速万向节、橡胶护套的检查与更换"这一章节,根据维修手册的提示和说明并结合实车进行分析和探讨,制定正确合理的维修方案。在拆装过程中,严格按照维修手册的规范和要求进行操作,才能保证顺利完成传动轴、等速万向节、橡胶护套拆装的维修作业,同时在维修过程中遵守7S原则。

根据五菱维修手册曲柄连杆机构拆装步骤如下:

1. 工具设备

(1)设备。

比亚迪整车1辆、剪式(两柱)举升机1台。

(2)工具及耗材。

三件套、翼子板布1套、车轮挡块、工具车(含常用工具)1台、零件车1台、定扭矩扳手1套、风动扳手套、比亚迪修手册1套、抹布若干。

2.拆卸轮胎

轮胎拆卸步骤如下：

(1)将车辆驶入举升工位，并拉紧驻车制动器。

(2)安装好三件套和翼子板布、车轮挡块等防护装置。

(3)预松车轮固定螺栓。

注意：车轮螺栓应拧松2~3圈，避免车轮负重倾斜，造成螺栓螺纹损伤。

(4)将举升臂调置到车辆下方正确的举升位置，车辆举升离地10cm停止举升，轻轻晃动，检查车辆是否稳固再继续举升。

(5)操作举升机使车轮举升到拆卸位置，拆下轮胎螺栓和轮胎。将取出的车轮放置到车轮支架。

注意：固定好车轮，防止车轮倾斜损伤螺栓螺纹和不慎车轮脱落；两侧车轮作好区分标记，不要弄混。

3.拆卸轮速传感器

轮速传感器拆卸步骤见表13-2。

轮速传感器拆卸 表13-2

(1)拆下配线固定螺栓，从减振器上分离传感器配线和软管	(2)拆下轮速传感器固定螺栓，从转向节上分离速度传感器
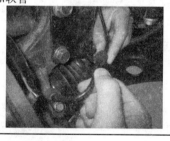	

4.拆卸驱动轴

驱动轴拆卸步骤见表13-3。

驱 动 轴 拆 卸 表13-3

(1)拆下轮毂开口锁、锁紧螺母盖	(2)踩下制动踏板，同时拆卸轮毂轴承锁紧螺母

续上表

（3）排放齿轮油 	（4）拆下转向横拉杆球头和下稳定杆球头与转向节的连接螺栓 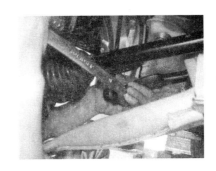
（5）拆卸下摆臂球头固定螺栓，从转向节上拆下下摆臂球头 	（6）从转向节上拆下转向横拉杆球头开口销和紧固螺母，用维修专用工具从转向节上拆下转向横拉杆球头 
（7）用橡胶锤敲松驱动轴上的等速万向节外座圈。 注意：用布盖上驱动轴护套，以防损坏 	（8）推下下摆臂并将转向节向车外侧推，然后从驱动轴上拆下前桥轮毂。不要将转向节过分推向车外侧 

续上表

(9)用撬棍和橡胶锤柄或其他同类工具,拆下驱动轴。如驱动轴难以取出,可在拉动时稍加转动。 注意:不要损坏驱动轴护套 	(10)从内测万向节轴上拆下弹簧卡环 

5. 驱动轴检查

(1)检查外侧万向节中应无间隙。

(2)检查内侧万向节应可沿推力方向平滑滑动。

(3)检查内侧万向节径向间隙不应过大。

(4)检查护套有无损坏。

6. 驱动轴护套、等速万向节拆卸

驱动轴护套、等速万向节拆卸步骤见表13-4。

驱动轴护套、等速万向节拆卸　　　　　表13-4

(1)用螺丝刀拆下护套卡箍,将内侧内侧万向节护套朝外侧万向节方向滑动 	(2)在内测万向节钟形体和三角头万向节上标好装配记号,从驱动轴上拆下内侧万向节钟形体。 注意:不要用冲子冲出装配记号 

续上表

(3)用弹簧卡环钳拆下弹簧卡环,在驱动轴和三角头万向节上标好装配记号,用铜棒和铁锤从驱动轴上拆下三角头万向节。 注意:不要敲击滚柱 	(4)用螺丝刀拆下外侧万向节轴护套的两个卡箍,取出外侧球笼万向节,从外侧万向节方向拆下护套 
(5)用铜棒和铁锤从驱动轴上拆下外侧球笼万向节。 注意:不要敲击球笼上的钢珠	(6)拆下驱动轴上的弹簧卡环 

7. 驱动轴护套、等速万向节的装复

驱动轴护套、等速万向节的装复步骤见表13-5。

驱动轴护套、等速万向节的装复　　　　　表13-5

(1)暂时装上新的外侧万向节轴护套及新的护套卡箍。 注意:在装上护套之前,先用布条缠好驱动轴的花键,以免损坏护套;外侧万向节轴的护套和卡箍比内侧万向节的要小;不要使护套和驱动轴密封件沾上黄油和油漆 	(2)安装新的内侧万向节护套及新的卡箍 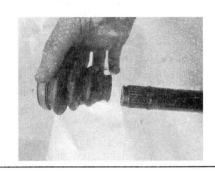

续上表

(3)将三脚头万向节轴向花键的斜切面对准外侧万向节轴,用铜棒和铁锤将三脚头万向节轻轻敲入驱动轴,用卡环钳装上新的卡环。 注意:安装前将装配记号对准;不要敲击滚珠 	(4)将弹簧卡环安装到驱动轴上 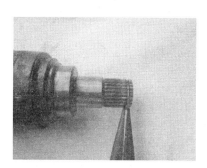
(5)用铜棒和铁锤将外侧球笼万向节安装到驱动轴上。 注意:不要敲击球笼上的钢珠	(6)在外侧万向节和护套内涂抹润滑脂,将护套安装在外侧万向节上。 注意:内侧万向节中使用的油脂(黄色)与外侧万向节使用的油脂(黑色)不同,所以不应将其混淆(使用随护套供应的油脂)
(7)在内侧钟形体与护套中装满油脂,对准在拆卸前所作的装配记号,并将内侧万向节钟形体装至驱动轴,最后将护套装上内侧万向节钟形体	(8)确保护套装在驱动轴槽上,用螺丝刀将扁钢带弯曲锁定;在内侧万向节轴上安装一个新弹簧卡环。 注意:确保当驱动轴处于标准长度时,护套不会伸长或缩短。驱动轴标准长度:左侧为(528±5)mm,即(20.79±0.20)in;右侧为(843±5)mm;即(33.19±0.20)in 

8. 驱动轴的装复

驱动轴的装复步骤见表13-6。

驱动轴的装复　　　　　　　　　表13-6

(1)在驱动轴油封件的唇部抹上一层多用途黄油;用铜棒和铁锤将驱动轴敲入,直至与小齿轮轴接触为止;将驱动轴外侧万向节一侧装入车桥轮毂。 注意:不要损坏护套和油封。在安装驱动轴之前,设定弹簧卡环的开口,使其开口朝下	(2)检查前驱动轴的安装情况。 注意:检查轴向间隙应在2~3mm(0.08~0.12in)之间;用手试图将驱动轴完全拉出时,驱动轴不应脱出;应拉内侧万向节,以免损坏护套 
(3)安装并紧固螺母,并用新的开口销锁紧。力矩为142N·m	(4)安装转向横拉杆球头与转向节连接螺母。力矩为49N·m
(5)安装稳定杆球头与转向节连接螺母 	(6)踩下制动踏板的同时拧紧轴承锁紧螺母(或使用挡块固定制动盘散热孔的同时拧紧轴承锁紧螺母)。力矩为186N·m
(7)安装锁紧螺母盖,并用钳子装好开口销	(8)在传动桥中注满齿轮油或齿轮液

9. 轮速传感器的装复

轮速传感器的装复步骤见表13-7。

轮速传感器的装复　　　　　　　　表13-7

(1)安装轮速传感器固定螺栓,在转向节上固定速度传感器。力矩为49N·m 	(2)安装配线固定螺栓,在减振器上固定传感器配线和软管。力矩为49N·m 

10. 安装轮胎

轮胎的装复步骤见表13-8。

轮胎安装步骤　　　　　　　　　　　　　　　表13-8

（1）操作举升机使车辆举升到轮胎安装位置，安装轮胎并预紧轮胎螺母预紧到位。 注意：固定好车轮，防止车轮倾斜损伤螺栓螺纹和不慎车轮脱落 	（2）操作举升机使轮胎举升到轮胎螺母固定位置，拧紧车轮固定螺栓。分多次，对角紧固轮胎螺母。力矩为106N·m 
（3）恢复举升臂，并摆放整齐，按照7S管理要求，对车辆、工具、设备及工位进行恢复	

五、任务评价

任务评价见表13-9。

技能评价表　　　　　　　　　　　　　　　表13-9

班级：_____　　学号：_____　　姓名：_____

项目	传动轴、等速万向节、橡胶护套拆卸		时限	90min	满分得分	100	得分	
序号	操作步骤	操作内容	配分	评分标准			扣分	得分
1	操作前准备 （3分）	清洁、整理工位和设备，检查工量具及材料	3	未做扣3分，缺少一件工具者扣1分				
2	车辆防护 （8分）	（1）调整车辆位置	3	①未调整车辆位置扣3分，操作不规范扣1分； ②未挂空挡、拉驻车制动器扣1分				
		（2）安装车辆防护装置	3	①未安装三件套扣3分； ②未安装翼子板布扣2分； ③未垫车轮挡块扣3分				
		（3）正确举升车辆	2	①未顶到车身顶起位置扣1分； ②车辆举升时未放驻车制动器扣1分； ③未摇晃车辆检查车辆稳定情况扣1分				

续上表

序号	操作步骤	操作内容	配分	评分标准	扣分	得分
3	轮胎拆卸（5分）	（1）拆卸轮胎螺母	3	①未将车轮螺母以拧松2~3个丝扣为度扣3分；②未固定好车轮扣3分		
		（2）拆卸轮胎	2	未将轮胎做好区分标记扣2分		
4	轮速传感器拆卸（5分）	拆卸轮速传感器	5	拆下轮速传感器操作不规范扣分		
5	驱动轴拆卸（23分）	（1）拆卸开口锁、锁紧螺母盖、轴承锁紧螺母	5	未固定好制动器而拆卸轴承锁紧螺母扣5分		
		（2）拆卸发动机底板	2	未固定好底板，操作时底板掉落扣2分		
		（3）排放齿轮油	2	未将齿轮油排放至拉丝状扣2分		
		（4）拆卸转向横拉杆端头	3	未按技术要求拆卸转向横拉杆端头螺母扣分		
		（5）拆卸稳定杆杆端头	3	未按技术要求拆卸稳定杆杆端头螺母扣分		
		（6）拆卸下摆臂球头螺母	3	未使用专用工具拆卸下摆臂球头螺母扣2分		
		（7）拆卸驱动轴	5	①未用撬棍和橡胶锤柄或其他同类工具，拆下驱动轴扣5分；②损坏驱动轴护套扣3分		
6	驱动轴检查（6分）	（1）检查外侧万向节	2	未检查外侧万向节中应无间隙扣分		
		（2）检查内侧万向节	2	①未检查内侧万向节应可沿推力方向平滑滑动扣分；②未检查内侧万向节径向间隙不应过大扣分		
		（3）检查护套	2	未检查护套有无损坏扣分		

续上表

序号	操作步骤	操作内容	配分	评分标准	扣分	得分
7	驱动轴护套、等速万向节拆卸(5分)	(1)拆卸护套和卡箍	2	未按技术要求拆下护套和卡箍扣分		
		(2)拆卸万向节	3	①未在内测万向节钟形体和三角头万向节上标好装配记号扣分; ②未在驱动轴和三角头万向节上标好装配记号扣分; ③敲击损坏滚柱和钢珠扣分		
8	驱动轴护套、等速万向节安装(6分)	(1)安装万向节	4	①未在内测万向节钟形体和三角头万向节上按装配记号安装扣分; ②未在驱动轴和三角头万向节上按装配记号安装扣分; ③敲击损坏滚柱和钢珠扣分; ④未正确加注油脂扣分		
		(2)安装护套和卡箍	2	未按技术要求装上护套和卡箍扣分		
9	驱动轴安装(21分)	(1)安装驱动轴	5	①未用撬棍和橡胶锤柄或其他同类工具,装上驱动轴扣5分; ②损坏驱动轴护套扣3分		
		(2)安装下摆臂球头螺母	2	未按技术要求拧紧横臂球头螺母扣2分		
		(3)安装稳定杆杆端头	3	未按技术要求拧紧稳定杆杆端头螺母扣分		
		(4)安装转向横拉杆端头	3	未按技术要求拧紧转向横拉杆端头螺母扣分		
		(5)加注齿轮油	2	未按技术要求加满齿轮油扣2分		
		(6)安装发动机底板	3	未固定好底板,操作时底板掉落扣3分		
		(7)安装开口锁、锁紧螺母盖、轴承锁紧螺母	3	未按技术要求紧固轴承锁紧螺母扣3分		

续上表

序号	操作步骤	操作内容	配分	评分标准	扣分	得分
10	轮速传感器安装（3分）	安装轮速传感器	3	未按技术要求拧紧轮速传感器螺栓扣分		
11	轮胎安装（4分）	(1)安装轮胎	2	未将做好区分标记轮胎安装原位扣2分		
		(2)安装轮胎螺母	2	未按技术要求并分多次,对角紧固轮胎螺母扣2分		
12	车辆恢复（4分）	(1)下降车辆	2	①未挂空挡、拉驻车制动器扣1分；②未安装车轮垫块扣1分；③未恢复举升机扣1分		
		(2)恢复车辆防护装置	2	①恢复装三件套扣1分；②恢复装翼子板布扣1分；③恢复垫车轮挡块扣1分		
13	正确使用工具（2分）	工具使用	2	①工具使用不当扣2分；②工具、零件落地一次扣1分		
14	安全文明操作（5分）	(1)工装整洁	2	工装不整洁扣1分		
		(2)操作完毕,清洁和整理工量具及工位	3	①未清洁和整理扣2分；②出工伤事故扣3分；严重者计0分		
时间记录：						

六、学习拓展

1. 十字轴式万向节常见故障的排除

十字轴式万向节常见故障为传动轴异响或振动,见表13-10。

十字轴式万向节常见故障排除　　　　　　　　　　　表13-10

故 障 现 象		
万向节传动装置在汽车行驶过程中发出异响声或产生强烈的振动		
序号	故障原因	故障排除方法
1	万向节套筒与万向节叉孔因磨损而松旷	应予更换
2	万向节叉凸缘盘连接螺栓松动	应予紧固或更换
3	伸缩节花键因磨损和冲击而松宽	应予更换

续上表

序号	故 障 原 因	故障排除方法
4	传动轴弯曲	应予校正
5	传动轴上的平衡片掉落或套管凹陷	应重新做动平衡
6	传动轴套管与万向节叉或伸缩节花键轴焊接时位置歪斜或焊接后传动轴未进行动平衡	应予更换或做动平衡
7	伸缩节未按标记安装	应按标记装配
8	中间支承的固定螺栓松动	应予紧固或更换
9	中间支承的固定位置不正确	应按正确位置固定
10	中间支撑的滚动轴承润滑不良,滚道表面有麻点、凹痕、退火变色等损伤	应予润滑过更换轴承

2. 球笼式万向节常见故障的排除

(1) 外球笼异响,见表13-11。

外球笼异响 表13-11

故 障 现 象	
车辆直行时无异响,转弯时产生异响	
故 障 原 因	处理方法
外球笼润滑不良或磨损损坏	润滑或更换外球笼

(2) 内球笼异响,见表13-12。

内球笼异响 表13-12

故 障 现 象	
车辆直行时有异响,转弯时也有异响,且异响声与转弯大小无关	
故 障 原 因	处理方法
内球笼润滑不良或磨损损坏	润滑或更换内球笼

(3) 内、外球笼异响,见表13-13。

内、外球笼异响 表13-13

故 障 现 象		
汽车行驶中传动装置发出周期性的响声;车速越高响声越大,严重时伴随有车身振抖		
序号	故 障 原 因	故障排除方法
1	传动轴动不平衡;由于变形或平衡块脱落等	应检查传动轴管是否凹陷;检查传动轴管上的平衡片是否脱落;检查伸缩叉安装是否正确;拆下传动轴进行动平衡试验;动不平衡,则应校准以消除故障

续上表

序号	故障原因	故障排除方法
2	万向节凸缘盘连接螺栓松动,使传动轴偏斜	应检查万向节凸缘盘连接螺栓。若松动,则故障由此引起
3	万向节轴承磨损松旷,伸缩叉磨损松旷	应用两手分别握住万向节、伸缩叉的主从动部分检查游动角度。万向节游动角度太大,则异响由此引起;伸缩叉游动角度太大,则异响由此引起

(4)振动故障,见表13-14。

振 动 故 障　　　　表13-14

故 障 现 象
前驱动轴万向节振动,当汽车加速行驶或高速行驶时会出现前驱轴振动,严重时车身亦出振响

序号	故障原因	故障排除方法
1	外星轮连接螺栓松动	应用榔头轻轻敲击各万向节凸缘盘连接处,检查其松紧度。太松旷则故障由连接螺栓松动引起,否则继续检查
2	万向节主、从动部分游动角度太大	应用双手分别握住万向节主、从动部分转动,检查游动角度。游动角度太大,则故障由此引起
3	内侧等速万向节磨损松旷	应拆检前驱动轴内侧等速万向节的滚道表面和钢球是否严重磨损、卡滞。如过度磨损或卡滞,应更换内侧等速万向节

学习项目 14 灯具拆装与调整

 情景描述

一汽威志轿车,进入修理厂,车主反映该车行驶时大灯总成及后组合灯不亮。经班组长的检查后发现大灯和组合灯有故障,需要对大灯总成及后组合灯进行拆装检查,必要时进行更换。

学习目标

知识目标

1. 知道前照灯的类型和作用;
2. 熟悉汽车照明灯和信号灯的技术要求。

技能目标

1. 灯具拆装工量具及材料准备工作;
2. 按对应车型的维修手册规范要求拆装及放置大灯总成、后组合灯总成;
3. 对前照灯进行测量,准确填写检测单据。

 学习内容

1. 学习汽车照明与信号系统灯具的种类、作用及正确使用方法;
2. 学习前照灯的结构;
3. 学习灯具的拆装与检测方法。

建议课时

4 课时

学习任务 灯具拆装与调整

学习过程

一、任务要求

本项目要求学生能够独立完成大灯总成及后组合灯的拆装及检测,并准确填写检测单据。

二、资料收集

1. 汽车外部车灯的认识

根据表14-1认识汽车外部车灯。

汽车车灯认识表　　　　　　　　　　　　　　　表14-1

学习任务	学习示意图	备注
(1)认识前组合灯		①转向灯; ②近光灯; ③远光灯; ④前小灯
(2)认识前雾灯		前雾灯
(3)认识侧转向灯		侧转向灯
(4)认识高位制动灯		高位制动灯

续上表

学习任务	学习示意图	备　注
（5）认识后组合灯		①制动灯/尾灯； ②转向灯； ③后雾灯； ④倒车灯
（6）认识牌照灯		牌照灯

2.汽车内部车灯的认识

根据表14-2认识汽车内部车灯。

汽车内部车灯认识表　　　　　　　　　　　　　　　表14-2

学习任务	学习示意图	备　注
（1）认识顶灯		顶灯
（2）认识阅读灯	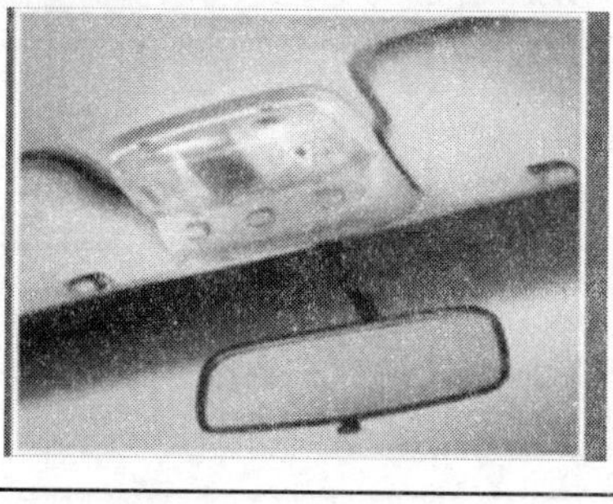	阅读灯

续上表

学习任务	学习示意图	备注
(3)认识仪表灯		仪表灯

3. 汽车常见车灯的名称、作用、颜色及功率

汽车常见车灯的名称、作用、颜色及功率见表14-3。

汽车常见车灯的名称、作用、颜色及功率　　　　　表14-3

车灯名称	作　用	颜　色	功　率
小灯	装在汽车头部和尾部,主要用于夜间或者光线昏暗的路面上行驶或者停车时标示车辆的宽度和位置	前小灯为黄色或者白色,后小灯一般为红色	5～10W
近光灯	装在汽车头部,用于夜间照亮车前50m以内道路	白色	25～55W
远光灯	装在汽车头部,用于夜间照亮车前150m以内道路	白色	45～60W
雾灯	安装在汽车头部和尾部(有些车只有后雾灯),雾灯的光波较长,在雾天、下雪天、暴雨天和尘埃天等特别情况下使用,照清前方路况及警示尾部车辆保持安全间距	前雾灯为白色或黄色,后雾灯为橙黄色或红色	前雾灯一般为45W～55W,后雾灯为21W或6W
转向灯	安装在汽车头部、尾部和左右两侧,用来指示汽车的行驶方向	琥珀色	主转向灯为20～25W,侧转向灯为5W
制动灯	安装在汽车尾部,踩下制动踏板时,发出较强红光,以示制动,同时警告后面的车辆或行人	红色	20～25W
倒车灯	安装在汽车尾部,当汽车倒车时,自动亮,照明车后侧,同时警示后方车辆行人注意安全	白色	20～25W

续上表

车灯名称	作　用	颜　色	功　率
牌照灯	安装在汽车尾部,确保行人在20m内见到车牌上的文字和数字	白色或者黄色	5~10W
顶灯	安装在汽车主驾驶与副驾驶之间的顶部,用于夜间提供车内照明,还起到监视车门是否可靠关闭的作用	白色	5~15W
阅读灯	安装在乘员席前部或顶部,聚光时乘员看书不会对驾驶员造成炫目	白色	5~15W
仪表灯	安装在仪表板的反面,用于照亮仪表板上的刻度及指针	白色	2~8W
行李舱灯	安装在汽车的行李舱内,开启行李舱时,灯自动点亮,用于照清行李舱内的空间	白色	5~8W

三、任务准备

1. 工具准备

打扫清理工位,选择准备材料和工具:数字万用表、十字螺丝刀、8-10号开口扳手、8-10号梅花扳手、转向盘套、换挡手柄套、坐椅套、地板垫。

2. 量具的检查与校对

检查数字万用表的表笔连接是否正确。将万用表调到电阻挡的最小挡位,将红、黑表笔相接,读取万用表的内阻值,其阻值一般为1.0Ω以下。

四、任务实施

1. 汽车前照灯及后组合灯的拆装及检测步骤

前照灯的拆装步骤及检测方法见表14-4。

前照灯拆装及检测方法　　　　表14-4

(1)拆装前准备。 ①检查工量具及材料; ②安装车轮挡块;	③安装车内三件套; ④检查驻车制动器是否拉紧

续上表

(2)拆卸前照灯。 ①关闭点火开关,打开发动机舱盖,拆下蓄电池负极接头,拆卸前包围,取下前包围并摆放好;  	②拉出前照灯橡皮护套,打开前照灯固定罩,取出远、近光灯泡,放在干净的工作台上   
(3)前照灯、转向灯灯泡检测。 ①将数字万用表打开到欧姆挡200Ω挡校表,选取校表值正常的万用表; 	②用选好的万用表对远光灯、近光灯泡进行测量,并记录检测结果 
(4)更换/装复更换。 需要更换的灯泡,按照拆卸的相反顺序装复前照灯	(5)恢复工位。 按照维修手册的要求装复,恢复整理好工位

2. 后组合灯的拆装步骤及检测方法

后组合灯的拆装步骤及检测见表14-5。

后组合灯的拆装步骤及检测　　　　　　　　　　表14-5

操作步骤	操作内容	备注
(1)拆装前准备	①检查工量具及材料； ②安装车轮挡块； ③安装车内三件套； ④检查驻车制动器是否拉紧	工量具包括拆装所需的工具及检测灯泡用的数字万用表
(2)拆卸高位制动灯、制动灯、转向灯、倒车灯、后雾灯	①关闭点火开关，拆下蓄电池负极接头； ②旋松高位制动灯、后组合灯螺丝，拔出插头，放于干净的工作台上； ③旋出灯座，取出制动灯、转向灯、倒车灯、后雾灯灯泡，按顺序放于干净的工作台上	拆卸灯泡时避免用手直接接触到灯泡的玻璃部位
(3)灯泡检测	①将数字万用表打开到欧姆挡200Ω挡校表，选取校表值正常的万用表； ②用选好的万用表分别对高位制动灯、制动灯、转向灯、倒车灯和后雾灯灯泡进行测量，并记录检测结果	数字万用表校对数值在1Ω以下的即认为正常
(4)更换/装复后组合灯	更换需要更换的灯泡，按照拆卸的相反顺序装复后组合灯	阻值过大的灯泡会影响照明效果，也需更换
(5)恢复工位	按照维修手册的要求装复，恢复整理好工位	

3. 检测结果记录

检测结果填入表14-6。

检测结果记录表　　　　　　　　　　表14-6

车灯名称	测量值	实际值	车灯状况 (正常/非正常)
左近光灯			
左远光灯			
左刹车灯			
左后小灯			
左后转向灯			

续上表

车灯名称	测量值	实际值	车灯状况（正常/非正常）
后雾灯			
右近光灯			
右远光灯			
右制动灯			
右后小灯			
右后转向灯			
倒车灯			
高位制动灯			

备注：万用表 1 校表电阻值_____；
　　　万用表 2 校表电阻值_____。

4．调整前照灯灯光

(1)任务准备。

比亚迪 F0 汽车，地面平整又有垂直墙面的宽敞场地，毛巾，十字螺丝刀，米尺，胶条。

(2)任务实施。

实施任务的步骤见表 14-7。

任 务 实 施 步 骤　　　　　表 14-7

(1)准备工具 	(2)将车头正对贴近墙面，把车头中心线的位置在墙上标记出来 
(3)将车头正对贴近墙面，把车头中心线的位置在墙上标记出来 	(4)直线倒车，将车头距墙面 10m 处停住 

续上表

(5)分别测量远光灯和近光灯中心到车头中心线的距离(数值 B 和数值 C) 	(6)在墙面上标出水平线,一条对应数值 A,另一条在 A 下 10cm 处,参照车头中心线的位置把数值 B 和数值 C 标注出来,这样墙上就会形成四个十字,下面两个对应近光灯,上面两个对应远光灯 
(7)根据车型的不同找到灯光调节装置进行调节,调节时用毛巾把另一侧的大灯盖住,以便更有效的判断光束的位置; (8)打开近光灯,通过调节使近光灯的明暗分割线转折点的位置与墙面上近光灯的十字标志对齐; (9)打开远光灯,使光斑的最亮点与墙面上远光灯的十字标志对齐,至此,前照灯调整完毕	 

5. 任务检验

检查灯具安装、前照灯灯光调整是否到位,打开前照灯,检查前照灯灯光是否正常。

五、任务评价

对本学习任务进行评价,学生技能考核见表14-8。

技能考核评价表　　　　　　　　　　　表14-8

序号	考核内容	配分	评分标准	考核记录	扣分	得分
1	检查工具设备	5	未检查扣5分			
2	正确使用工具仪器	10	工具使用不当扣10分			
3	拆卸前照灯、后组合灯	20	拆卸方法不正确扣10分			
			拆卸顺序不正确扣10分			

续上表

序号	考核内容	配分	评分标准	考核记录	扣分	得分
4	测量灯泡	20	检查方法不正确扣10分			
			检测结果不正确扣10分			
5	安装前照灯、后组合灯	20	安装方法不正确扣20分			
6	检查灯具安装	10	检查方法不正确扣10分			
7	遵守安全规程,正确使用工量具,操作现场整洁	10	每项扣2分,扣完为止			
	安全用电,防火,无人身设备事故	5	因操作不当发生重大事故,此项按0分计			
	分数总计	100				

六、学习拓展

汽车前照灯如何改装:有很多车主都对原车灯光的亮度不满足,特别是使用一段时间之后都要对灯光系统进行一些改装和升级,以使自己爱车的这双眼睛更加明亮一些。

1. 工具

扳手、螺丝刀、钳子。

2. 方法及步骤

(1)打开发动机舱盖,观察前大灯背部的汽车部件布局情况,如果空间不足,需到专业的"4S"店去更换。确定爱车的前照灯型号,注意前照灯的外玻璃下部车灯标识型号。

(2)拧下车灯盖,注意因车型的不同拆除车灯盖的方法会有细微差别。

(3)用力拔下带电源线的灯座,拔的时候注意用手按住车灯以免损坏。

(4)松开灯座卡簧即可将车灯取出,然后重新装上新灯泡。装复的过程为拆卸的相反顺序,这里不再赘述。注意重新装上防尘盖时一定要拧好,以免前照灯受到雨水和灰尘的侵扰。

学习项目 15　更换制动灯开关

情景描述

一辆比亚迪 F0 汽车来到修理厂,客户反映该车踩下制动踏板时,制动灯全都不亮。经班组长试车检查,故障现象与客户所说的一致,现需要维修技工根据维修手册相关要求,在规定时间内对制动电路的故障进行诊断和维修,维修完成后自检交付班组长验收,最后交付客户。

学习目标

★ 知识目标

1. 制动灯开关的作用、类型,理解制动灯电路的的控制原理;
2. 制动灯开关性能检测的技术要求。

★ 技能目标

1. 熟练地在车上找到制动灯开关的位置;
2. 熟练做好制动灯开关电路的就车检测,就车检测制动灯开关的好坏;
3. 熟练更换制动灯开关;
4. 更换制动灯开关后,熟练地就车检测电路的控制效果。

学习内容

1. 制动灯电路的控制原理,制动灯开关的分类和工作原理;
2. 制动灯故障的分析方法;
3. 检查制动灯开关;
4. 更换和调整制动灯开关。

建议课时

12 课时

学习任务　更换制动灯开关

学习过程

一、任务要求

根据故障现象对故障的原因进行合理的分析和判断,完成制动灯开关的更换和调整,最后检验制动灯开关更换和调整是否合适。

二、资料收集

1. 制动灯的功用

汽车制动时,踩下制动踏板,制动信号灯发亮,以警告后方行驶的车辆。制动信号灯电路如图15-1所示。

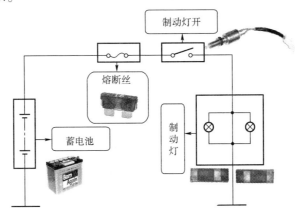

图 15-1　制动灯电路

2. 制动灯开关的分类及工作原理

制动灯开关的类型有以下几种:

(1)踏板控制式(弹簧触点式)制动灯开关的工作原理。

踏板控制式制动开关安装在制动臂上,当踩下制动踏板时,制动臂解除对制动开关推杆的作用力,制动开关内的动触点在弹簧作用力下与静触点接合,接通制动电路,制动灯亮,发出制动信号。当松开制动踏板时,制动臂恢复对制动开关推杆的作用力,克服制动开关的弹簧力,使得制动开关内的动触点与静触点分离,断开制动电路,制动灯熄灭。常见的踏板控制式制动灯开关如图15-2所示。

(2)气压(液压)控制式制动灯开关的工作原理。

液压式制动报警开关装在制动总泵的前端,其工作过程如下:当踩下制动踏板时,制动系管路中液压增大,膜片拱曲,动触点接通接线柱,制动开关导通,制动信号灯发亮。松开制动踏板,液压降低,在弹簧作用下,动触点回到原位,制动信号灯便熄灭。

气压式制动开关的工作过程与液压式信号灯开关基本相似,它们的主要区别在于工作介质不同。常见的踏板气压式制动灯开关如图 15-3 所示。

图 15-2 踏板式制动灯开关　　　　图 15-3 气压式制动灯开关

3. 制动灯开关控制过程

各种制动灯开关的控制过程如图 15-4 所示。

踏板控制式制动灯开关的控制过程为:当踩下制动踏板 1,制动灯开关 2 导通,制动电路接通,制动灯 3 点亮。液压控制式和气压控制式制动灯开关的控制过程与踏板控制式制动灯开关相似。

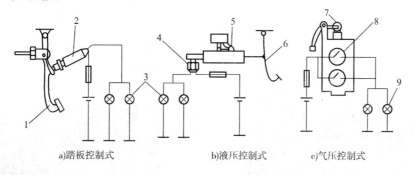

a)踏板控制式　　　b)液压控制式　　　c)气压控制式

图 15-4 制动灯开关控制原理

1-制动踏板;2-制动灯开关;3-制动灯;4-制动灯开关;5-液压制动主缸;6-制动踏板;7-气压制动主缸;8-制动灯开关;9-制动灯

三、任务准备

1. 工具准备

打扫清理工位,选择准备材料和工具:数字万用表、十字螺丝刀、17 号开口扳手、转向盘套、换挡手柄套、坐椅套、地板垫。

2. 量具的检查与校对

检查数字万用表的表笔连接是否正确。将万用表调到电阻挡的最小挡位,将红、黑表笔相接,读取万用表的内阻值,其阻值一般为 1.0Ω 以下。

四、任务实施(以比亚迪 F0 轿车为例)

更换制动灯开关的步骤如下:

1. 拆下蓄电池负极接头

注意：为防止安全气囊工作，请在切断电源至少 90s 后操作。

2. 打开汽车左前门，安装方向盘套、换挡手柄套、坐椅套、地板垫，拉起驻车制动器（防止汽车溜滑造成安全事故）

3. 检查制动灯电路

(1) 检查蓄电池电压。

按喇叭，若喇叭响声正常，则说明蓄电池电压正常。

(2) 检查制动灯电路。

① 踩下制动踏板，若制动灯正常点亮，则制动电路正常。

② 踩下制动踏板，若只有一边制动灯亮，则是不亮的制动灯搭铁断路或者灯泡坏了。

③ 踩下制动踏板，若两边制动灯都不亮，则要检查制动电路的保险、制动灯开关，检查制动电路，电路如图 15-5 所示。

4. 拆卸制动灯

更换制动灯开关的拆卸步骤见表 15-1。

更换制动灯开关拆卸步骤　　　　　　　　　　　表 15-1

(1) 拆下组合仪表罩。 左右转动转向盘，使用十字螺丝刀拆下组合仪表罩两个安装螺钉，使四个卡扣脱离，卸下下部组合仪表罩并摆放好 	(2) 拆卸制动灯开关。 拔下制动灯开关插接器，用 17 号开口扳手将锁紧螺母拆下，卸下制动灯开关。 注意：取出时应先松开下部的锁紧螺母，再慢慢扭出开关 

5. 检查制动灯开关

(1) 检查触点的磨损情况。

(2) 压下触点检查通断情况。

制动灯开关检查：压下开关触头时应断开，放开时应接通。

(3) 检查制动灯开关的电阻。

使用数字万用表欧姆挡测量电阻，并检查阻值是否与标准阻值相符。标准阻值为开关释放状态下，1-2 端口电阻为 1Ω 以下；开关按下状态下，1-2 端口电阻为 10kΩ 或更高。如果阻值和标准阻值不同，则更换制动灯开关总成，如图 15-6 所示。

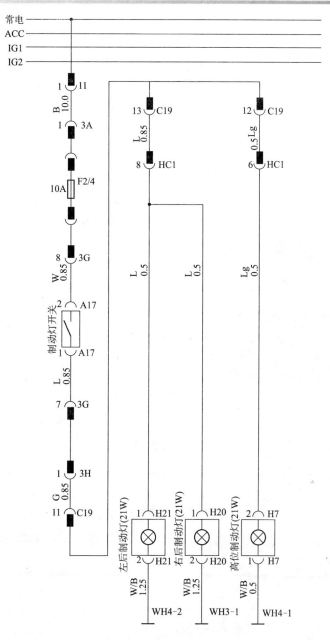

图 15-5　制动电路图

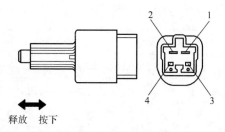

图 15-6　制动灯开关测量端子

6. 安装制动灯开关

制动灯开关的安装步骤见表15-2。

制动灯开关的安装步骤　　　表15-2

(1)安装制动灯开关。 将制动灯开关安装到支架上，调节开关触头，直至开关触头轻微接触制动踏板为止，锁紧制动灯开关锁紧螺母，安装制动灯开关。 注意：使用较小的力矩安装制动灯开关，拧紧力矩为12.5N·m 	(2)调整制动灯开关。 检查制动灯开关的间隙，制动灯开关的间隙是1.5~2.5mm 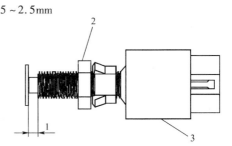 1-制动灯开关间隙；2-锁紧螺母；3-制动灯开关
(3)测试。 插上制动灯开关拨插器，踩下制动踏板，观察制动灯是否点亮；松开制动踏板观察是否熄灭	(4)装复防护板。 左右转动转向盘，使四个卡扣接触，用2个安装螺钉安装组合仪表板
(5)清洁并整理工具，打扫现场	

7. 任务检验

按以上步骤对制动灯更换后，对结果进行检验。检验方法是：上车分别踩下、松开制动踏板，检查两边制动灯的工作情况，若两边制动灯工作正常，则证明该制动灯开关更换安装和调整正确。

五、任务评价

对本学习任务进行评价，技能考核见表15-3。

技能考核评价表　　　表15-3

班级：　　　　　组别：　　　　　姓名：

序号	考核内容	配分	评分标准	考核记录	扣分	得分
1	工具设备准备	5	准备不齐全扣5分			
2	正确使用工具仪器	10	工具使用不当扣10分			
3	就车拆卸制动灯开关	20	拆卸方法不正确扣10分			
			拆卸顺序不正确扣10分			

续上表

序号	考核内容	配分	评分标准	考核记录	扣分	得分
4	检查制动灯开关	20	检查方法不正确扣10分			
			检测结果不正确扣10分			
5	就车安装制动灯开关	20	安装方法不正确扣20分			
6	就车检查制动灯开关的间隙	10	检查方法不正确扣10分			
7	遵守安全规程,正确使用工量具,操作现场整洁	10	每项扣2分,扣完为止			
	安全用电,防火,无人身设备事故	5	因操作不当发生重大事故,此项按0分计			
	分数总计	100				

参 考 文 献

[1] 汽车检测与维修技术[M].南宁:广西教育出版社,2009.
[2] 朱军.汽车发动机常见维修项目实训教材[M].北京:人民交通出版社.2009.
[3] 朱军.汽车底盘常见维修项目实训教材[M].北京:人民交通出版社.2009.
[4] 汤定国.汽车发动机构造与维修[M].北京:人民交通出版社,2011.
[5] 高峰.汽车底盘构造与维修平装[M].北京:机械工业出版社,2013.